Schriftenreihe
zur Praxis der Leibeserziehung
und des Sports

BAND 51

Sportliches Wasserspringen

Teil 1: Bewegungslehre der Grundleistungssprünge

Jan Beyer

Verlag Karl Hofmann 7060 Schorndorf

CIP-Kurztitelaufnahme der Deutschen Bibliothek

Beyer, Jan
Sportliches Wasserspringen. — Schorndorf: Hofmann.

Teil 1. Bewegungslehre der Grundleistungssprünge. — 2., unveränd. Aufl. —
(Schriftenreihe zur Praxis der Leibeserziehung und des Sports; Bd. 51)
ISBN 3-7780-5512-7

Bestellnummer 551

2., unveränderte Auflage 1977

Fotos: Vom Verfasser
Bewegungszeichnungen: Marianne Wilhelm
Graphische Zeichnungen: Ursula Düse

Erschienen als Band 51 der „Schriftenreihe zur Praxis der Leibeserziehung und des Sports“
Redaktion: Karl Koch, Hamburg

Gesamtherstellung in der Hausdruckerei des Verlags
Printed in Germany · ISBN 3-7780-5512-7

Inhalt

A. Vorwort

Ständig steigende Leistungen im Wettkampfsport Kunstspringen einerseits, neue Vorstellungen über die Bedeutung der schulischen Leibeserziehung in oberen Klassen andererseits und vor allem die Bedeutung, die einzelne sportliche Disziplinen für Neigungs- und Neigungspflichtkurse im Schulfach Leibesübungen spielen, machen es notwendig, sich erneut mit der Disziplin W a s s e r s p r i n g e n zu beschäftigen. Aus der Möglichkeit für den Schüler, sich in den Leibesübungen z. B. auf das Schwimmen und Wasserspringen zu konzentrieren, erwächst für ihn selbstverständlich die Auflage, höheren Ansprüchen Genüge zu leisten. Diese erhöhten Leistungsansprüche verfolgen das Ziel, ihm zu intensiveren und nachhaltigeren Leistungserlebnissen zu verhelfen.

Daß solche Leistungserlebnisse auch im Kunst- und Turmspringen möglich sind, bedarf keines Beweises. Auf der Suche nach „bildenden Gehalten" (PASCHEN) *erübrigt es sich deshalb, das Kunstspringen in seinem Reichtum an Bewegungsformen auf den Kopfsprung als Mutsprung zusammenzuraffen, verbirgt sich doch dahinter lediglich der Unverstand leibeserzieherischer Mittelmäßigkeit. Auch die Entschuldigung, in den Schwimmbädern befänden sich nicht genügend Sprungbretter, um das Kunstspringen im Schwimmunterricht der Schule sinnvoll zu pflegen, kann nur Ausdruck mangelhafter Organisation und Unterrichtsplanung sein. Das Kunstspringen als Sportart kann und darf dadurch keine Abwertung erfahren.*

Das vorliegende Buch beschränkt sich bewußt nicht auf die Anforderungen und Möglichkeiten der Schule und geht über den Rahmen der Arbeit von BRAECKLEIN *(1) hinaus, ohne sie ersetzen zu wollen. Es ist gleichermaßen für Sportlehrer und Vereinstrainer geschrieben in dem Bewußtsein, daß sich letztere in ihren Bemühungen um das Kunstspringen häufig zu schnell ausschließlich um besondere Talente kümmern. Andererseits wird in der Schule nicht selten bereits dort aufgesteckt, wo sich einzelne Schüler noch von einem Purzelbaum zum Salto vorwärts gehockt und von einem „Köpper" zu einem Kopfsprung vorwärts gehechtet zu steigern wissen und daran Freude empfinden — Freude empfinden an der Fähigkeit, den Körper im freien Flug beherrschen und nach eigenem Wissen „steuern" zu können; Freude empfinden daran, im Wagnis des Sprunges vom hohen Brett ihre Geschicklichkeit zu erproben.*

B. Zum Begriff der Grundleistungssprünge

Kefer hat den Begriff der Grundschule des Wasserspringens geprägt (2). Unter dieser Bezeichnung faßte er die einfachsten Sprünge (Fußsprünge, Kopfsprünge und einfache Salti), den Absprung vorlings und rücklings und die Eintauchübungen (Abfaller) zusammen. Leider hat Kefer seinen Begriff „Grundschule" mit der Auffassung verbunden, daß trainieren und üben eindrillen bedeutet (3). Noch heute heißt im Trainerjargon der Satz „Der Springer X hat keine Grundschule", daß dieser Springer zu wenig Haltungsschulung durch formale Absprungübungen (Fußsprünge) und Gymnastik durchgemacht hat.
Da heute kein Zweifel mehr darüber bestehen kann, daß das Ausformen eines Bewegungsablaufes dem Erlernen der Bewegung selbst nicht vorangehen kann, wurde in der vorliegenden Arbeit auf den Begriff „Grundschule" verzichtet. Die Bezeichnung „Grundleistungssprünge" ist auch keineswegs der Versuch, eine unvorbelastete Übersetzung für das Wort „Grundschule" zu finden. Hierunter werden lediglich die Kopfsprünge aller Sprunggruppen zusammengefaßt, deren Beherrschung in der Grobform dem Erlernen der Kürsprünge (Salti und Schraubensprünge) methodisch vorausgehen muß. Es wird Aufgabe einer weiteren Arbeit in der Schriftenreihe zur Praxis der Leibeserziehung und des Sports sein, einen Einblick in die Fülle der Kürsprünge zu vermitteln.
Die einfachen Fußsprünge, i. e. die Sprünge, die keinerlei Drehung um die Breitenachse des Körpers aufweisen, werden hier dem Abschnitt „Der Absprung vorlings und rücklings" zugeordnet. Das geschieht zum einen deshalb, weil die Fußsprünge keine Wettkampfsprünge im Springsport sind und deshalb auch nicht in der internationalen Sprungtabelle (s. Anhang) aufgeführt werden; zum anderen, weil sich der Absprung vorlings wie rücklings am einfachsten in Verbindung mit den Fußsprüngen vorwärts und rückwärts schulen und üben läßt.

C. Wettkämpfe im Kunstspringen

Jeder sportliche Wettkampf im Kunstspringen unterteilt sich in einen Pflicht- und einen Kürteil. Die Anzahl der Sprünge hängt vom Alter der Wettkämpfer ab und beträgt in der Meisterklasse bei den Damen 10 (5 + 5) und bei den Herren 11 (5 + 6). Die Pflichtsprünge werden für die jeweils laufende Olympiade vom internationalen Schwimmverband (FINA) festgelegt. Sie sind jedoch seit den Spielen in Melbourne (1952) nicht mehr geändert worden: im Kunstspringen handelt es sich dabei ausschließlich um Kopfsprünge, nämlich die Kopfsprünge vorwärts, rückwärts, Auerbach (vorlings-rückwärts), Delphin (rücklings-vorwärts oder „gegen das Brett") und den Kopfsprung vorwärts mit einer halben Schraube. Dadurch sind gleichzeitig die fünf beim Kunstspringen bekannten Sprunggruppen (vorwärts, rückwärts usw.) charakterisiert. Werden in einem Wettkampf fünf Kürsprünge oder mehr gefordert, muß gemäß der Wettkampfregel aus jeder Sprunggruppe mindestens einer ausgewählt werden (sogenannter Gruppenzwang). Kopfsprünge dürfen im Kürteil eines Wettkampfes nicht wiederholt werden.
Alle Sprünge, die für einen sportlich reglementierten Wettkampf zur Auswahl stehen, sind in einer internationalen Sprungtabelle (s. Anhang) zusammengestellt, die jedem Sprung eine Nummer zuordnet und Auskunft über seinen Schwierigkeitsgrad gibt.
Im Wettkampf wird jeder Sprung von fünf Kampfrichtern mit Noten bis zu zehn Punkten (abgestuft in halben Punkten) für die Ausführung bewertet. Von den fünf abgegebenen Wertungen werden die jeweils höchste und niedrigste gestrichen, die verbleibenden drei addiert und die Summe mit dem Schwierigkeitsgrad multipliziert. Die höchste Summe aller auf diese Weise ermittelten Punktergebnisse für die einzelnen Sprünge entscheidet über den Sieg in einem Wettkampf.
Dieses sportliche Reglement kann selbstverständlich für Schule und Verein in kleinem Rahmen abgeändert werden, wenn es sich als notwendig erweist, die Anforderungen herabzusetzen. Das kann durch eine Beschränkung auf einfachere Pflichtsprünge (z. B. die Kopfsprünge vorwärts und rückwärts), durch die Festlegung neuer Pflichtsprünge (z. B. die Fußsprünge) oder aber durch die Verminderung der Anzahl von Kürsprüngen geschehen. Ganz sicher lassen sich durch kleine Wettkämpfe — sofern sie nicht zu früh und zu häufig anberaumt werden — für den jungen Kunstspringer interessante Anreize schaffen; und gewiß wird man dem unterschiedlichen Bewegungskönnen von Schülern durch eine dem sportlichen Reglement ähnliche Bewertung ihrer Sprünge gerechter, als wenn man der bloßen Überwindung, vom Sprungbrett in das Wasser zu springen, den Rang einer sportlichen und hoch zu bewertenden Leistung zuerkennt.

D. Zum Wasserspringen als Kunstsportart

Gesprochen wird häufig von der Schönheit und Eleganz der Bewegungsführung beim Kunstspringen. Leider lassen sich Eleganz und Schönheit nur schwer in Worte fassen, und festumrissene, objektive Schönheitsideale fehlen völlig. Grundsätzlich kann man jedoch für das Kunstspringen die Forderung aufstellen, daß hastige, unruhige und überflüssige (unökonomische) Bewegungen zu vermeiden sind. Die nach außen hin scheinbare Leichtigkeit der Sprünge — die wichtigste Voraussetzung für einen harmonisch und elegant wirkenden Bewegungsablauf — wird durch eine möglichst lockere Armführung bei sonst gespanntem Körper erreicht. Lediglich das Strecken der Beine aus der Hockhaltung soll explosiv erfolgen; und nur beim Eintauchen des Körpers in das Wasser muß auch die Arm- und Schultermuskulatur angespannt werden.

Nahezu alle Sprünge, mit Ausnahme der Schrauben, können entweder gehockt, gehechtet oder gestreckt ausgeführt werden[1]. Zur Hocke rollt sich der Körper so eng wie möglich zusammen, die Beine werden im Hüft- und Kniegelenk gebeugt, die Arme liegen eng am Körper, und die Hände erfassen die Beine kurz unterhalb der Knie.

In der Hechte bleiben die Beine gestreckt, aber der Körper knickt im Hüftgelenk so stark ab, daß der Oberkörper möglichst eng auf den Beinen liegt. Die Arme werden locker seitwärts gehalten (offene Hechte), wenn nicht die Hände den Fußrist umschließen (geschlossene Hechte) *(Abb. 1)*.

Ohne Zweifel bilden der Absprung vom Brett, der eigentliche Kunstsprung und das Eintauchen in das Wasser eine in der Praxis kaum zu trennende Einheit. Aus leicht ersichtlichen Gründen empfiehlt es sich jedoch, diese drei ineinander überfließenden Bewegungsabschnitte in getrennten Kapiteln zu behandeln. Daß ein Sprung vom Anlauf/Absprung bis zum Eintauchen ein untrennbares Ganzes ist, zeigt sich etwa daran, daß nahezu jeder einzelne Sprung einen eigenen, in keiner Weise für alle Sprünge einheitlichen Absprung voraussetzt; und die Vorbereitung (Antizipation) des Eintauchens in das Wasser während des Fluges durch die Luft ist in jedem Fall Teil eines Sprunges. Das Eintauchen muß mitunter sogar schon unmittelbar nach dem Absprung vom Brett — insbesondere wenn er mißglückte — vorbereitet werden.

---

1 Die Ausführungsart gestreckt wird in der Sprungtabelle durch ein (a), gehechtet durch ein (b) und gehockt durch ein (c) gekennzeichnet.

Abb. 1 a   Kopfsprung vorwärts gestreckt.

Abb. 1 b   Delphinkopfsprung gehechtet.

Abb. 1 c   Auerbachkopfsprung gehechtet.

Abb. 1 d
1/2 Kopfsprungschraube vorwärts gestreckt.

Anlauf (Angehen) | *Aufsatzsprung*

Anlauf und Aufsatz

Abb. 2 Der Absprung mit Anlauf in der Leistungsform.

E. Der Absprung vom Federsprungbrett mit und ohne Anlauf

1. Beschreibung des Absprunges vorlings mit Anlauf

Der Anlauf/Absprung ist für das Kunstspringen durch die FINA-Regel formal weitgehend festgelegt:
Regel 104: „Der Anlauf muß ungezwungen, gerade und ohne Zögern ausgeführt werden. Bei einem Sprung mit Anlauf vom Sprungbrett . . . muß der Springer mindestens vier Schritte machen, einschließlich des Aufsatzsprunges mit einem oder beiden Füßen . . . (Es ist) mit beiden Füßen abzuspringen“ (4).
Die dynamische Struktur des Absprunges mit Anlauf läßt sich wie folgt gliedern *(Abb. 2):*

1. Angehen (nicht Laufen!) mit mindestens drei Schritten.
2. Aufsatzsprung auf die Brettspitze.
3. Absprung — dieser kann untergliedert werden in
   a) Einsprung und Aufsetzen auf die Brettspitze,
   b) Niederdrücken des Brettes durch Armschwung und Fußabdruck („Brettarbeit“),
   c) Vorbereitung des auszuführenden Sprunges und Lösen vom Brett.

Einsprung | *Brettarbeit* | *Absprung (Drehimpuls)*
Absprung

Es ist müßig, für das *Angehen* die Länge der einzelnen Schritte, die Gehgeschwindigkeit und die Art des Pendelns mit den Armen über die Wettkampfregel hinaus festzulegen. Ob die Schritte 60 cm oder 70 cm lang sind, die Arme wechselseitig, parallel zueinander oder überhaupt nicht pendeln, und der Anlauf „zögernd flüssig“ oder „zügig“ sein soll, kann der einzelne Springer nur für sich entscheiden. Ausschlaggebend sind dabei Körpergröße, Beinlänge und die persönliche Neigung („Das liegt mir nicht!“). Auch die Frage, ob es besser ist, drei, fünf oder noch mehr Schritte zu machen, kann nur individuell gelöst werden.
Wichtig und verbindlich bleibt, daß zum einen die Schritte nie zu Laufschritten werden dürfen; andererseits darf das Angehen auch nicht zu einem abgehackten Stakkato einzelner, aneinandergereihter Schritte werden. Das Angehen muß eine ruhige, aber flüssige Vorwärtsbewegung ohne Verzögerungsmomente ergeben und den Aufsatzsprung vorbereiten bzw. in ihn übergehen; denn auch noch die geringste Vorwärtsbewegung läßt sich mit dem Aufsatzsprung in Höhe umsetzen. Allerdings erweist sich ein allzu großer Stemmschritt *(Abb. 3)* als nicht günstig, da die vertikale Brettschwingung nur unvollkommen ausgenutzt werden kann.
Der *Aufsatzsprung* sollte nicht so sehr „schön“ als vielmehr zweckmäßig sein. Für die Höhe des Aufsatzes und die daraus resultierende Sprunghöhe ist es unerheblich,

Abb. 3 Der Absprung mit Anlauf, ausgeführt von einer 10jährigen. Der Aufsatzsprung wird durch einen stark beschleunigten und deshalb sehr großen Schritt (Stemmschritt) und einen sehr weit ausholenden Armschwung vorbereitet. Beides erweist sich im Hinblick auf die erforderliche Bewegungsgenauigkeit als nicht günstig.

ob man die Zehen streckt und den Oberschenkel während der kurzen Flugphase über der Brettspitze exakt im 90°-Winkel zum Oberkörper anhebt, wie es allgemein bei Kunstspringern und Kampfrichtern als „schön" empfunden wird. Wichtig ist nur, daß das Hochziehen des Knies und das Vorhochschwingen der möglichst gestreckten Arme (s. *Abb. 2*) den kräftigen Abdruck des Sprungbeines vom Brett unterstützt.
Daß der Aufsatzsprung so hoch wie bei der nötigen Erhaltung von Gleichgewicht und Sicherheit der Bewegungsführung nur irgend möglich sein soll, läßt sich aus bekannten physikalischen Formeln schnell veranschaulichen:
Um das Brett in Schwingungen zu versetzen, damit es den Springer hochwirft, bedarf es einer Arbeitsleistung. Diese Arbeitsleistung resultiert aus der Kraft, die der Springer aufwendet, um mit seinem Körpergewicht aus möglichst großer Höhe auf die Brettspitze zu fallen. Physikalisch ausgedrückt ist

$$\text{Kraft} = \text{Masse} \times \text{Beschleunigung.}$$

Die Masse (Gewicht des Springers) ist konstant, die Größe der Beschleunigung ergibt sich aus

$$\text{Beschleunigung} = \frac{\text{Meter}}{\text{sec}^2}$$

Das heißt, je höher ein Aufsatz ist, desto größer wird der Fallweg des Körpers als auch die Zeit, deren Quadrat durch den Fallweg dividiert wird. Aus der zusammengesetzten Formel

$$\text{Kraft} = \frac{\text{Masse} \times \text{Meter}}{\text{sec}^2}$$

folgt also, daß ein Springer die Arbeitsleistung des Brettes nur durch einen höheren Aufsatz vergrößern kann, eine richtige Absprungtechnik und Ausnutzung der Schwingungsenergie vorausgesetzt.
Beim Aufsatzsprung ist außerdem zu beachten, daß er in sich selbst eine Vorwärtsbewegung tragen soll. Er muß also eine gewisse Entfernung überwinden. Diese sollte ungefähr der Länge der einzelnen Anlaufschritte entsprechen.
Bei jedem Sprung mit Anlauf, sei es auf dem Federsprungbrett, dem Turm oder beim Bodenturnen, dreht sich der Körper in seiner Schwerpunktachse während der Boden- bzw. Brettberührung in Bewegungsrichtung um seinen Fußpunkt (S) *(Abb. 4)*. Die Achse, die durch Fuß und Becken läuft, legt also in der Zeit zwischen Ein- und Absprung eine Winkelstrecke (ψ) zurück, die erstens Voraussetzung für eine freie und vom Brett sich lösende Flugkurve ist und zweitens — vor allem bei Vorwärtssalti — einen Teil des Drehimpulses darstellt oder zumindest die äußeren Voraussetzungen für die Impulsvermittlung durch das Brett schafft.
Fehlt dem Anlauf und Aufsatz die fortlaufende, wenn auch verhaltene Vorwärtsbewegung, wird der Aufsatz also auf der Stelle gesprungen *(Abb. 4, mittlere Darstellung)*, wird der Winkel (ψ) sehr klein und folglich die Flugkurve des Sprunges sehr eng. Außerdem wird die Vermittlung von Drehimpulsen erschwert. Die Erfahrung zeigt schließlich auch, daß die Springer, die ihren Aufsatz auf der Stelle springen,

oft mit einer extremen Vorlage[2] zu kämpfen haben und, sofern sie diese Vorlage durch starken Gegendruck im Fußgelenk zu meistern verstehen, bei Vorwärtssalti oft stark „gegenziehen".

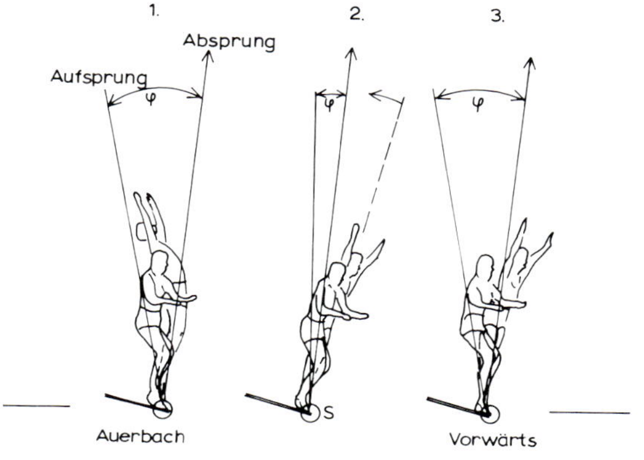

Abb. 4 Teilimpuls durch Weiterdrehen des Körpers um den Fußpunkt S bei gleichmäßiger Vorwärtsbewegung während des Anlauf/Absprungs.

Da die Funktion des Aufsatzsprunges für den eigentlich wichtigen Absprung bereits mit Erreichen des Kulminationspunktes erfüllt ist, kann das Schwungbein schon im Kulminationspunkt dem Sprungbein beigestellt werden (gut demonstriert in *Abb. 3)*. Dadurch wird die Zeit verlängert, in der sich der Springer auf den *Einsprung* vorbereiten kann (der Absprung kann länger antizipiert werden). Im Herabfallen werden dann die Arme seitlich, etwas hinter den Hüften abwärts geschwungen. Die Knie werden noch vor dem Aufsetzen auf die Brettspitze leicht gebeugt, um das in seinen Eigenschwingungen sehr stabile Sprungbrett „weich anzunehmen".
Der Einsprung erfolgt auf das niederschwingende Brett mit leicht geöffneten Beinen auf den Ballen. Damit beginnt die *Brettarbeit,* die im wesentlichen aus dem Niederdrücken (Vorspannen) des Federbrettes besteht. Unmittelbar nach dem Aufsetzen der Füße auf das Brett werden die Kniegelenke fixiert und die Arme zügig und möglichst gestreckt an den Oberschenkeln vorbei aufwärts geschwungen, wobei in diesem Aufwärtsschwung eine Arbeitsleistung zu sehen ist. Denn das schnelle Aufwärtsschwingen der Arme erhöht gemäß dem physikalischen Gesetz der Gegenwirkung (actio = reactio) den Druck auf das Brett, und die Brettspitze erreicht tatsächlich

[2] Vorlage und „gegenziehen" sind häufig verwendete Fachausdrücke der Kunstspringer. Vorlage bedeutet ein Fallen des Körpers über den Schwerpunkt hinaus nach vorn (Rücklage — nach hinten). Das Gegenziehen heißt nichts anderes, als daß bei einem vorwärtsdrehenden Sprung (gehockt oder gehechtet) zu wenig Drehimpuls durch den Absprung erzielt wird.

Abb. 5 Das späte oder zu wenig zügige Vorhochschwingen der Arme im Absprung führt zu einer vergleichsweise geringen Spannung des Federbrettes.

erst ihren Tiefpunkt bei der größten Beschleunigung des Aufwärtsschwunges der Arme (das ist kurz vor Erreichen der horizontalen Vorhochhalte).

Gleichzeitig mit diesem Aufwärtsarmschwung beginnt der Springer, die Fuß- und Kniegelenke kräftig zu strecken, eine Arbeit, die in der Praxis als Fußabdruck und eigentliche Absprungbewegung bekannt ist. Dieser Fußabdruck vollzieht sich aber in einer deutlichen zeitlichen Folge *nach* dem Beginn des Aufwärtsschwunges der Arme. Zusammen mit diesem letzten Fußabdruck werden die Arme ohne jede Verzögerung weiter vor-aufwärts geschwungen bis über Schulterhöhe, so daß sie dann im Augenblick des Abhebens vom Brett aus den Schultern heraus in die Flugkurve „gesteckt" oder geschoben werden können.

Um Mißverständnissen vorzubeugen, sei schnell betont, daß die Hauptarbeit beim Absprung natürlich von den Beinen, den Sprunggelenken geleistet wird. Dem richtigen Eingliedern des Armschwunges in die komplexe Absprungbewegung und der richtigen Betonung des Aufwärts- (nicht Abwärts-!) schwingens der Arme kommt im Sinne der optimalen Koordination von Teilimpulsen (Hochmuth) jedoch große Bedeutung zu. Werden z. B. die Arme beim Aufsatz zu lange über Schulterhöhe

gehalten und erst nach dem Einsprung beim Aufwärtsschwingen des Brettes nach oben durchgeschwungen, ergibt sich durch den erneuten Druckzuwachs nach unten ein Gegenschlag, der zu einer deutlichen Verminderung der Sprunghöhe führt *(Abb. 5)*. Um diesen Fehler zu vermeiden bzw. zu korrigieren, rate man zu einem Armschwung mit abgewinkeltem Ellenbogengelenk. Dies ist vor allem bei Springern notwendig, die auf Grund ihres geringen Körpergewichts das Brett nicht stark andrücken können und folglich den Armschwung sehr viel schneller beenden müssen (s. *Abb. 3*).

Wenn sich der Körper im Augenblick der größten Aufwärtsgeschwindigkeit der Brettspitze (i. e. kurz vor Erreichen der Horizontallage des Brettes) vom Brett zu lösen beginnt, ist die *Flugkurve des Körperschwerpunktes* für den auszuführenden Sprung festgelegt und durch nichts mehr zu verändern. Arme und Kopfhaltung übernehmen die Steuerungsfunktion für den Kunstsprung. Da die Arme schon zu diesem Zeitpunkt über Schulterhöhe geschwungen wurden und die Flugkurve bereits festliegt, können sie unmittelbar danach zu Vorwärtsdrehungen des Körpers um die Breitenachse in Drehrichtung geschwungen werden — zu einem Zeitpunkt also, in dem die Füße noch Kontakt mit dem Brett haben. Nur dieses frühe Verstärken des

Drehimpulses ermöglicht es dem Springer, z. B. Saltodrehungen vorwärts im aufsteigenden Ast der Flugkurve auszuführen.
Bei der Untersuchung der Frage, wo die *Drehimpulse* im Absprung ansetzen — und es kann kein Zweifel bestehen, daß sie bereits im Absprung, vor allem in der leichten Körpervorlage, liegen —, findet man eine Reihe von Möglichkeiten der Drehimpulsvermittlung und -verstärkung, die bei einer leichten Körpervorlage, vom Fußabdruck über die Hüftbewegung bis in den Armschwung hineinläuft (s. *Abb. 6*). Dabei erweist sich der Impuls, der durch die Hüftbewegung (Anheben des Beckens bei Vorwärts- und Vorschieben der Hüfte bei Rückwärtssprüngen) ausgelöst wird, ohne Zweifel als der wichtigste.

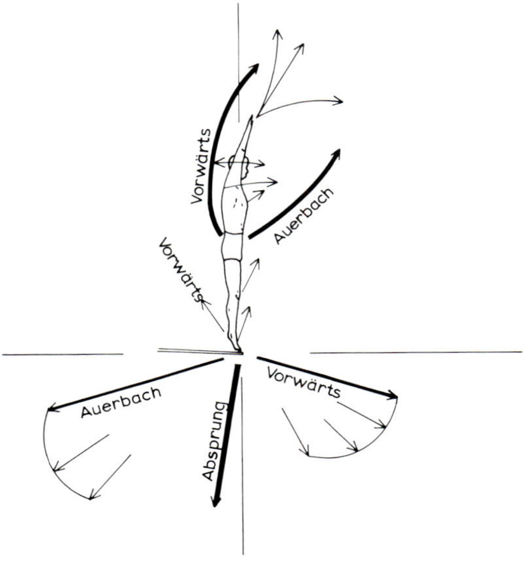

Abb. 6 Möglichkeiten der Impulsvermittlung und -verstärkung im oder nach dem Absprung (schematische Darstellung).

Während die Arme durch Hochrückschwung (bei Rückwärtsdrehungen) bzw. Vortiefschwung (bei Vorwärtsdrehungen) eine Drehimpulsverstärkung ermöglichen, kann der Fußabdruck zum gleichen Zweck auch nach vorn oder hinten gerichtet sein (s. *Abb. 6*), und zwar wird er bei Auerbachsprüngen nach unten-hinten, bei Vorwärtssprüngen nach unten-vorn in die Brettspitze hinein gerichtet sein in einer Stärke, deren Dosierung von der Anzahl der auszuführenden Drehungen abhängt. So wird einem Anfänger der erste Auerbachsprung sehr viel leichter gelingen, wenn man ihm sagt, er solle das Brett nach hinten wegzudrücken versuchen. Dieser Fußabdruck nach unten-hinten bewirkt in Gegenrichtung eine verstärkte Vor-Aufwärtsbewegung von Beinen und Hüfte im letzten Teil des Absprunges und darum natürlich auch während des freien Fluges.

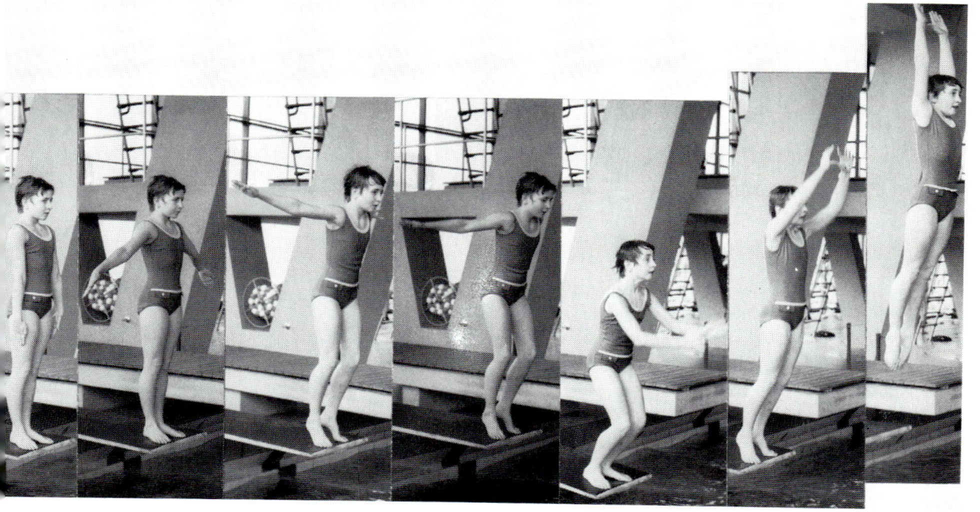

Abb. 7 Der Absprung vorlings aus dem Stand.

Dieser relativ frühe Ansatz der Hüft- bzw. Beckenimpulse erlaubt es dem Springer, auch die Wurfkraft des Brettes nach oben als Kraftimpuls auf die Saltodrehung auszunutzen.

2. Beschreibung des Absprunges rücklings und vorlings aus dem Stand

Zum Absprung vorlings aus dem Stand stellt sich der Springer in Grundstellung auf das Brett. Die Zehen sollen dabei nicht über die Brettspitze hinausgreifen *(Abb. 7)*. Beim Absprung rücklings *(Abb. 8)* steht der Springer mit dem Rücken zum Wasser mit halbem Fuß auf dem Brett.

In beiden Fällen wird das Brett durch Heben und Senken der Fersen in leichte Schwingungen versetzt. Im Einklang mit diesen Schwingungen werden die Arme vorsichtig und nicht zu heftig seitlich über Schulterhöhe gehoben. Dabei dürfen sich die Füße keinesfalls vom Brett lösen (sogenannter Doppelaufsatz, der besonders beim Absprung rücklings wegen eines möglichen Abrutschens gefährlich ist und außerdem gegen die Wettkampfregeln verstößt). Durch den beginnenden Niederschwung der Arme seitlich hinter den Hüften und eine mitteltiefe Kniebeuge wird das Brett noch einmal extrem entlastet, um durch das zügige Vorhochschwingen der Arme und die einsetzende Streckbewegung der Sprunggelenke maximal nach unten durchgedrückt zu werden. Die eigentliche Absprungarbeit besteht also darin, die Spannung des Federsprungbrettes durch möglichst tiefes Durchdrücken nach *unten* zu verstärken.

Der nahezu gestreckte Körper wird dann mit weit nach oben geschwungenen Armen

Abb. 8

Abb. 9 Herausformen des Aufsatzsprunges durch Geländehilfen beim Minitrampolinspringen.

durch das Hochschnellen des federnden Brettes in die Flugkurve geworfen, wobei der Springer noch während der letzten Phase des Brettkontaktes durch Anheben der Hüfte und leichtes Hoch-Rückziehen der Arme über die Schulterlinie hinaus nach hinten (Rückwärtsdrehung) oder aber durch leichtes Einknicken im Hüftgelenk (späteres Anheben des Beckens) und Vorhochgreifen der Hände (Vorwärtsdrehung) die Sprungrichtung und Stärke des Drehimpulses bestimmt.

3. Methodische Hinweise zum Lehr- und Lernweg des Absprunges vom Federbrett

Da das Gelingen eines Sprunges in hohem Maße von einem effektvollen und störungsfreien Absprung abhängt, nehmen Absprungübungen einen breiten Raum im Training des Kunstspringers ein. Die hohe Bewegungsgenauigkeit, die ein Sprung erfordert, macht einen sicher beherrschten Absprung einfach notwendig.
Mit Anfängern im Kunstspringen empfiehlt es sich, zunächst nur aus dem Stand abzuspringen. Beim Absprung aus dem Stand rücklings kann auf das Anschwingen

des Brettes mit den Füßen vor dem Einsetzen des Armschwunges verzichtet werden. Dieses Heben und Senken der Fersen ist dem Springer erst möglich, wenn er durch eine Fülle von Bewegungserfahrungen ein Gefühl dafür erworben hat, wie das Federsprungbrett schwingt. Die Kunstspringer sprechen vom Brettgefühl, das sie sich durch mehrmaliges Wippen und zahlreiche Absprungübungen neu erarbeiten müssen, sobald sie auf ein ihnen unbekanntes Brett (Holz, Aluminium, Glasfiber) kommen.

Große Schwierigkeiten bereitet erfahrungsgemäß das Erlernen des Absprunges vorlings mit Anlauf, weil es auf dem labilen Brett schwerfällt, die für den Aufsatzsprung erforderliche Bewegungsgenauigkeit zu erzielen. Für den Anfänger gilt vor allem, daß der Aufsatzsprung nur so hoch sein darf, wie er kontrollierbar ist. Ein zu schnelles Angehen oder gar Anlaufen erweist sich als ungünstig, führt meist zu einer sich viel zu weit vom Brett entfernenden Flugkurve des Sprunges ins Wasser und muß von vornherein unterbunden werden. Die Bezeichnung Anlauf ist natürlich irreführend.

Zu vermeiden ist auch eine zu zeitige formale Ausformung des Aufsatzsprunges: Heben des Schwungbeinschenkels im rechten Winkel zum Oberkörper, Halten des Unterschenkels des Schwungbeines im rechten Winkel zum Oberschenkel, gestreckte Zehen. Wichtig ist nicht *wie,* sondern *daß* der Springer seinen Aufsatzsprung möglichst hoch ausführt.

Fehlen Übungsmöglichkeiten außerhalb der Schwimmhalle, erscheint es ratsam, den Aufsatzsprung zunächst nur mit einem oder zwei Gehschritten vorzubereiten. Seine Ablaufmarke auf dem Brett findet der Springer, indem er seinen Anlauf einmal ausgehend von der Brettspitze in Richtung Brettverankerung ausführt.

Methodisch aufbauen und üben läßt sich der Absprung vorlings mit Anlauf am leichtesten und effektvollsten in der Turnhalle auf dem großen Trampolin. Das mehrmalige Wippen im Sprungtuch schult die richtige Koordination von Armschwung und Beinarbeit und hat gegenüber dem Üben auf dem Sprungbrett den Vorteil, daß der Absprung in einer zyklischen Bewegungsfolge *intensiv* geübt werden kann. Auch in

Abb. 11 Betonung des Armschwunges durch entsprechenden Geräteaufbau.

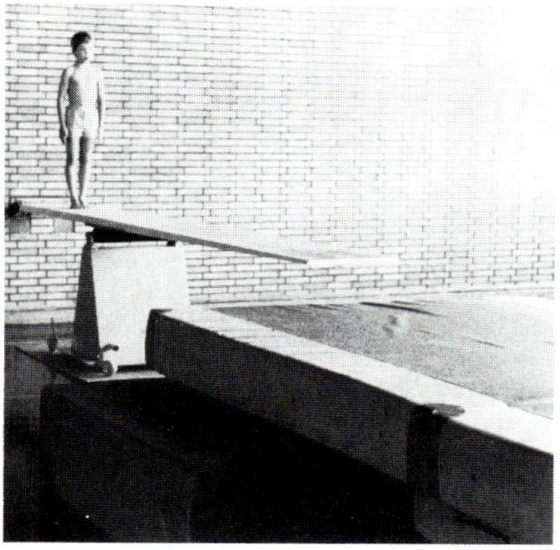

Abb. 12 Vorbildliche Trockensprunganlage mit Saltomatte und Longe. Das Sprungbrett ist so in die Wand verankert, daß es ein- und ausgehängt werden kann. Der Bock (Brettauflage) ist fahrbar und dadurch auch verstellbar.

Abb. 13 Fußsprung vorwärts gehechtet.

Verbindung mit dem Aufsatzsprung läßt sich der Absprung im Trampolin sinnvoll üben *(Abb. 40).*

Möglichkeiten, den Lernweg für den Anlauf/Absprung durch Geländehilfen zu erleichtern, bieten sich beim Mini-Trampolinspringen *(Abb. 9).* Der Absprung von der Schwebebank über einen kleinen Kasten (Zauberschnur, Medizinball u. ä.) läßt sich schnell auf das Sprungbrett übertragen *(Abb. 10).*

Durch Sprünge von erhöhten Geräten ins Mini-Trampolin läßt sich auch der richtige Armschwung für den Absprung einschleifen. Springt der Übende mit gesenkten Armen auf das Tuch, ergibt sich automatisch ein betontes Aufwärtsschwingen der Arme, wie es für den Absprung vom Federsprungbrett angestrebt wird *(Abb. 11).*

Zur Schulung des Absprunges haben sich Trockensprunganlagen in Verbindung mit einer Longe und Saltomatten bzw. einem Trampolin für Spitzensportler als notwendig, für ungeübte Kunstspringer als nutzbringend erwiesen. Diese Anlagen lassen sich bei einigem guten Willen auch in einer Turnhalle installieren *(Abb. 12).*

Wo und wie immer der Absprung rücklings und vorlings mit und ohne Anlauf geübt wird, sollte er — vor allem von Anfängern — mit den Fußsprüngen vorwärts und rückwärts gestreckt, gehockt und gehechtet, mit und ohne Schrauben *(Abb. 3, 13, 14,*

Abb. 14 *Fußsprung rückwärts gestreckt.*

Abb. 15 a *Fußsprung vorwärts gehockt.*

Abb. 15 b *Fußsprung vorwärts gehockt (vorbildliche Streckung über die flüchtige Hechte).*

15 und 16) verbunden werden. Diese relativ einfachen Sprünge erlauben es dem Springer, sich auf seinen Absprung zu konzentrieren, weisen ihn auf elementare Fehler im Absprung hin (s. *Tabelle)* und haben zudem einen großen haltungsschulenden Wert, vor allem wenn es darum geht, die drei bekannten Positionen gestreckt, gehockt und gehechtet herauszuarbeiten.

Abb. 16 Fußsprung vorwärts gestreckt mit einer halben Schraube.

Fehler, ihre Ursachen und mögliche Korrekturanweisungen bei einem Fußsprung vorwärts aus dem Absprung vorlings mit Anlauf

Fehler	Ursache	Korrekturanweisung
Sprung taucht zu weit vom Brett ins Wasser	Vorlage beim Absprung oder Anlauf zu schnell, Aufsatz zu flach	Schultern zurückhalten, Arme ganz nach oben schwingen, langsam gehen, auf den Aufsatzsprung konzentrieren
der Springer „setzt" sich beim Tauchen ins Wasser	Arme werden entweder zu heftig nach oben oder nach oben-hinten geschwungen	versuch einmal, nach dem Absprung nach der Stange zu greifen, die hoch vor die Brettspitze gehalten wird
der Springer fällt auf den Bauch	Kinn auf der Brust, oder die Arme werden nicht in die Hochhalte geschwungen	bereits beim Einsprung auf die dem Brett gegenüberliegende Wand sehen, mit den Händen zur Decke (Himmel, Stange) greifen
Sprung taucht zu dicht am Brett ins Wasser	Rücklage beim Aufsatz	etwas zügiger angehen, den Aufsatzsprung nach vorn springen
geringe Sprunghöhe	flacher Aufsatz oder mangelhafter Fußabdruck oder falsch koordinierter Armschwung	auf den Aufsatz konzentrieren; Übungen zur Kräftigung der Sprungmuskulatur; wippen auf dem Brett ohne Armschwung; Trampolinspringen

F. Die Pflichtsprünge

Die fünf Pflichtsprünge, die Kopfsprünge vorwärts, rückwärts, vorlings rückwärts (Auerbach) und rücklings vorwärts (Delphin) und der Kopfsprung vorwärts gehechtet und gestreckt mit einer halben Schraube bilden das Fundament, das sich jeder Springer sorgfältig erarbeiten muß, um einmal schwierige Saltodrehungen aller Sprunggruppen sicher beherrschen und kontrollieren zu können.
Es sind dies die eigentlichen Grundleistungssprünge. Obwohl der Kopfsprung rückwärts gestreckt mit einer halben Schraube nach heute gültigen Wettkampfregeln kein Pflichtsprung ist, wird er hier mit zu den Grundleistungssprüngen gezählt, weil dieser Sprung die einfachste Kombination eines rückwärtsdrehenden Sprunges mit einer Schraubendrehung ist. Die Delphin- und Auerbachkopfsprünge gestreckt und gehechtet mit einer halben Schraube hingegen werden nicht ausführlich beschrieben, weil sie den Kopfsprüngen vorwärts bzw. rückwärts mit einer halben Schraube in ihrem Bewegungsablauf ähneln.
Das sportliche Reglement zählt die Kopfsprungschrauben rückwärts, rücklings vorwärts (Delphin) und vorlings rückwärts (Auerbach) zu den Kürsprüngen.

1. Die Kopfsprünge vorlings vorwärts

1.1. Bewegungsbeschreibung

Kopfsprung vorlings vorwärts gehockt (101 c)

Nach möglichst steilem Absprung greifen die Hände nach oben über den Kopf. Das Gesäß wird angehoben, die Knie- und Hüftgelenke werden gebeugt. Der Kopf bleibt dabei in der normalen Haltung, die Augen fixieren zunächst einen Punkt etwa in Bretthöhe. Kurz vor Erreichen des Kulminationspunktes greifen die Hände etwa eine Handbreite unterhalb der Knie zu den Unterschenkeln. Die Ellenbogen werden fest an den Körper gedrückt. Der Oberkörper beugt sich dabei mit den Schultern nach vorn, die Knie werden mit den Händen gegen den Oberkörper gezogen. Die Fersen bleiben in Gesäßnähe. Der Blick ist nun auf die Eintauchstelle gerichtet. In dieser Lage (Hocke) soll der Kulminationspunkt der Flugkurve erreicht sein.
Sobald der Körper zu fallen beginnt, lösen sich die Hände vor-seitwärts von den Unterschenkeln, die Beine werden über die angedeutete Hechthalte zur Streckung gebracht. Dabei führt der Springer die gestreckten Arme zügig über die Seithalte zur Hochhalte und schließt sie zum Tauchen in Körperverlängerung über dem Kopf. Der Körper taucht etwa eine halbe Körperlänge vom Brett entfernt völlig gestreckt, gespannt und nahezu senkrecht ins Wasser ein, wobei die Beine einen leichten Druck nach vorn gegen die Drehrichtung des Körpers ausüben sollen *(Abb. 17)*.

Kopfsprung vorlings vorwärts gehechtet (101 b)

Nach dem Absprung werden die Arme möglichst steil nach oben geführt. Der Kopf

Abb. 17 Kopfsprung vorwärts gehockt. Die Vorlage beim Absprung ist ein klein wenig zu groß. Dadurch kann die Hocke nur flüchtig ausgeführt werden, die Hacken sind nicht in Gesäßnähe. Die Ellenbogen sind nicht an den Körper gelegt, die Hände fassen die Unterschenkel nur flüchtig. Das Strecken und Tauchen ist vorbildlich.

bleibt dabei in der Normalhaltung. Das Gesäß wird aus dem Absprung heraus zügig nach oben gehoben, der Oberkörper zu den Beinen gebeugt. Dabei üben die gestreckten Beine einen leichten Druck gegen die Drehrichtung des Körpers nach vorn aus. Im Kulminationspunkt des Sprunges sollen die Beine fast senkrecht zur Wasseroberfläche stehen. Der Oberkörper liegt dabei möglichst eng an den gestreckten Beinen, die Hände berühren oder umschließen die Fußspitzen (bei geschlossener

Abb. 18 a Kopfsprung vorwärts gehechtet (geschlossene Hechte). Der Blick ist zu früh auf die Eintauchstelle gerichtet. Die Arme werden zwar locker geführt, sind im Ellenbogengelenk aber zu stark gebeugt. Die Arme müssen früher in die Tauchlinie geführt werden.

Abb. 18 b Vorbildliche Armführung bei einem Kopfsprung vorwärts gehechtet. Die geschlossene Hechte wird dadurch betont, daß die Hände die Unterschenkel unterhalb der Waden umfassen.

Abb. 19 Kopfsprung vorwärts gestreckt. Die Arme werden nicht locker genug (verkrampft gespreizte Finger!) und etwas zu weit nach hinten-unten geführt.

Hechte) oder werden (bei offener Hechte) möglichst locker, aber mit gestreckten Ellenbogen in die weite Seithalte geführt. Der Blick ist auf die Eintauchstelle gerichtet.
Bei Verlassen des Kulminationspunktes werden Oberkörper und Hände über die nach vorn gedrückten Beine und Füße in die Streckung geschoben, die Arme möglichst locker über die Seithalte zur Hochhalte geführt, während sich der Körper in der Hüfte vollkommen streckt. Der Blick bleibt bis kurz vor dem Eintauchen ins Wasser auf die Eintauchstelle gerichtet, die nicht weiter als eine halbe Körperlänge von der Brettspitze entfernt liegen darf *(Abb. 18 a und b).*

Kopfsprung vorlings vorwärts gestreckt (101 a)

Die Schwierigkeit dieses Sprunges besteht darin, den Körper vom Absprung bis zum Eintauchen völlig gestreckt zu halten und zu führen. Sowohl ein zu starkes Hohlkreuz als auch ein leichter Hüftknick führen zu Punktabzügen. Wenn die Füße das Brett verlassen, muß die gesamte Körpermuskulatur mit Ausnahme der Schulterpartie fest angespannt sein. Der Drehimpuls muß — im Gegensatz zu den Ausführungen gehockt und gestreckt — bereits im Absprung richtig dosiert sein. Füße, Zehen und Oberschenkel setzen den Drehimpuls aus dem Absprung heraus durch leichten Druck nach hinten-oben fort. Der Kopf ist leicht angehoben, der Blick zu den Händen gerichtet. Die Arme befinden sich in der Hochhalte, ungefähr in Schulterbreite. Noch im aufsteigenden Teil der Flugkurve sollen sie aus der Hochhalte in die lockere Seithalte geführt werden, wo sie einen Winkel von etwa 120°—150° zueinander bilden.
Nach Überschreiten des Kulminationspunktes werden die Arme wieder seitwärts in der Körperebene zur Hochhalte zusammengeführt. Der Blick richtet sich nun zur Eintauchstelle. Kurz vor dem Eintauchen werden die Hände über dem Kopf geschlossen und der Kopf zwischen die Arme genommen.
Die Eintauchstelle darf in keinem Fall mehr als eine Körperlänge von der Brettspitze entfernt liegen *(Abb. 19, 20, 21).*

1.2. Methodische Hinweise zum Lehr- und Lernweg

Den Kopfsprüngen vorwärts fällt methodisch gesehen besondere Bedeutung zu, weil sie am Anfang des sportlichen Kunstspringens stehen. Sei es der Startsprung, der Abrenner oder gar die „Schwalbe" — mit dem kopfwärtstauchenden Sprung kommt auch der Anfänger am schnellsten und „sportlichsten" ins Wasser und in die Schwimmlage. Deshalb beherrscht, wer immer schwimmen kann, die Grobform des kopfwärtstauchenden Sprunges, wenn bereits im Nichtschwimmerunterricht vernünftig darauf hingearbeitet wurde. Häufig genügen das Vorbild oder eine knappe Bewegungsanweisung, um den Freischwimmer zu einem Kopfsprung zu bewegen, und nur ängstliche Kinder bedürfen besonderer Hilfe, um vor einem „Bauchklatscher" bewahrt zu werden oder um ein schmerzhaftes Mißerfolgserlebnis zu vergessen. Nur für diese verängstigten Kinder seien im folgenden ein paar Hinweise

Abb. 20 Kopfsprung vorwärts gestreckt. Der Blick ist zu früh auf die Eintauchstelle gerichtet, der Kopf deshalb im Absprung nicht aufrecht genug geführt. Beim Zusammenführen der Arme zum Tauchen kommen die Arme zu spät in die Körperlinie.

Abb. 21 Beispiele der Ausformung des Kopfsprunges vorwärts gestreckt. Der nach unten hängende Kopf und die weit nach hinten geführten Arme der Springerin im Beispiel c führen zu einem Hüftknick, der mit Punktabzug bestraft wird.

gegeben, bevor über das Erlernen der sportlichen Leistungsformen gehockt (c), gehechtet (b) und gestreckt (a) gesprochen wird.

Methodisch vorbereitet wird der Kopfsprung vorwärts *ins* Wasser bereits beim Anfängerschwimmen mit den Gleitübungen *im* Wasser. Das für das Kopfwärtstauchen notwendige Abstoßen vom Beckenrand mit nachfolgender Streckung in der Hüfte, lang nach vorn geschobenen Armen und von den Oberarmen eingeschlossenem Kopf läßt sich beim Gleiten sicher und vor allem *schmerzlos* üben. Übungen wie das Delphinschießen *(Abb. 22)* erschweren das saubere und möglichst spritzerlose Hineingleiten in das Wasser und stellen eine reizvolle Abwechslung dar. Dieses Delphinschießen läßt sich auch aus dem Sitz auf dem Beckenrand (die Füße stehen in der Überlaufrinne) oder sogar aus dem Hockstand auf der Beckenkante ausführen. Wichtig ist bei all diesen Übungen, daß der Kopf zwischen den Oberarmen eingeklemmt bleibt und sich die Streckung des Körpers in der Hüfte aus einer leichten Absprungbewegung heraus ergibt.

Abfaller *(Abb. 63 und 64)* sind *Eintauch*übungen und keine vorbereitenden Übungen für den Kopf*sprung*. Außerdem sind sie verhältnismäßig schwierig aus geringer Höhe auszuführen.

Mit zunehmender Übung wird sich der Anfänger sehr bald aus dem Hocksitz aufrichten, seinen Sprung vom Startblock probieren und sich auf das 1-m-Brett wagen. Dabei lernt er ohne große Hilfen von selbst, den Sprung ins Wasser durch einen Armschwung seit-abwärts und vor-aufwärts einzuleiten. Durch Spielformen, wie sie Braecklein anführt („Seehund“, Froschsprung, Abrenner usw.) lassen sich auch die letzten Hemmungen überwinden.

Dies ist Voraussetzung für das Erlernen der sportlichen Leistungsformen der Kopfsprünge vorwärts, von denen der gehockte der leichteste ist und deshalb zuerst gelernt werden sollte. Der in der Grobform beherrschte kopfwärtstauchende Sprung (Startsprung) soll vom Federsprungbrett aus dem Stand immer mehr in die Höhe, nicht in die Weite, gesprungen werden, um möglichst dicht vor der Brettspitze in das Wasser zu tauchen. Bei dem Bemühen, immer höher hinaus zu springen, wird

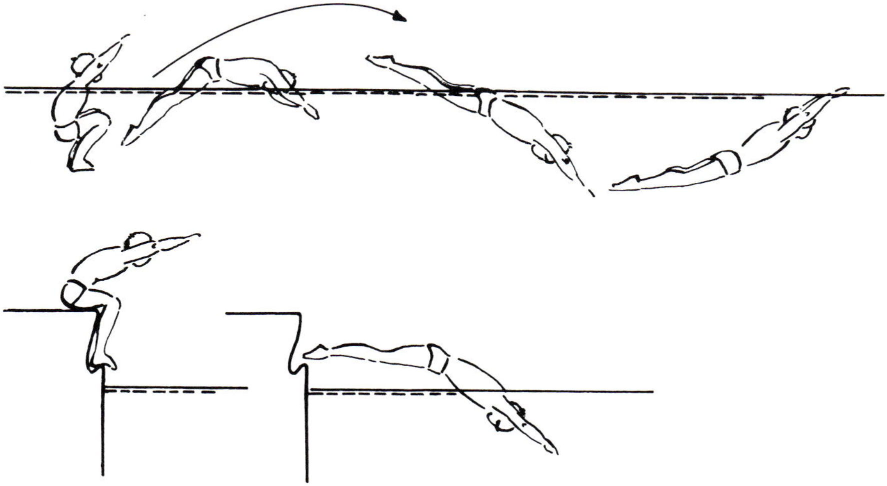

Abb. 22

der Übende sehr bald in der Hüfte abknicken müssen, um nicht auf den Bauch zu fallen. Es genügt dann die Bewegungsanweisung „Nun faß einmal im höchsten Punkt deines Sprunges kurz deine Knie an und streck sie wieder!“, und besser noch das Vormachen, um zur Grobform des Kopfsprunges vorwärts gehockt zu kommen. Wird der Sprung aus dem Stand beherrscht, soll er auch mit Anlauf geübt werden. Im Gegensatz dazu läßt sich der Kopfsprung vorwärts gehechtet zu Beginn leichter mit Anlauf springen. Aus dem im vorigen beschriebenen immer höher und dichter gesprungenen Kopfsprung ergibt sich von selbst ein Abknicken im Hüftgelenk, das mit durchgedrückten Knien und durch kräftig nach oben gehobenes Gesäß verstärkt werden soll. Der Körper klappt wie ein Taschenmesser zusammen (im Englischen heißt der Sprung „jackknife“ = Klappmesser). Schwierig ist dabei, das Gesäß anzuheben und trotzdem die Beine leicht nach vorn zu drücken, um den Sprung beim Eintauchen nicht überschlagen zu lassen. Dieses Gefühl der Kontrolle der Beine läßt sich einüben und erarbeiten durch einen Sprung aus dem Wasser in den Stütz auf dem Beckenrand, wobei die Füße einen Strich an der Beckenkante nach oben ziehen sollen *(Abb. 23)*.

Schließlich läßt sich auch der Kopfsprung vorwärts gestreckt aus dem Startsprung entwickeln. Dieser Sprung setzt ein hohes Maß an Körperbeherrschung und Spannung in der Gesäß- und Beinmuskulatur voraus. Mit Hilfe einer vor das Brett

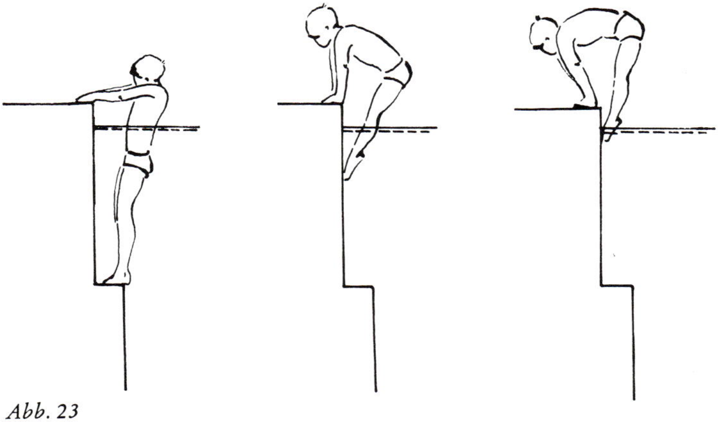

Abb. 23

gehaltenen Stange, die immer dichter an die Brettspitze heranrückt und immer höher, aber völlig gestreckt überwunden werden muß *(Abb. 24)*, gelingt dieser Sprung erst nach langem Üben. Zu Beginn des Lernprozesses sollte man sich jedoch mit weit vom

Abb. 24

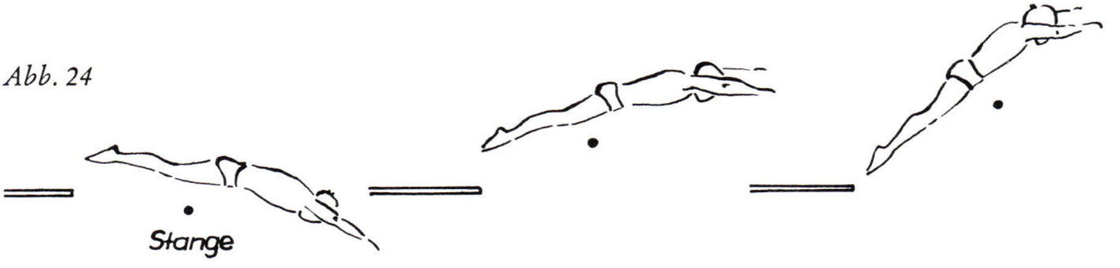

Brett fort gesprungenen Sprüngen begnügen, sofern sie gestreckt sind. Eine zu zeitig hoch und dicht vor das Brett gehaltene Stange führt entweder zu Überforderungen (Ergebnis: Hüftknick) oder zu Schleudersprüngen (Ergebnis: starkes Hohlkreuz und meist überschlagenes Eintauchen).

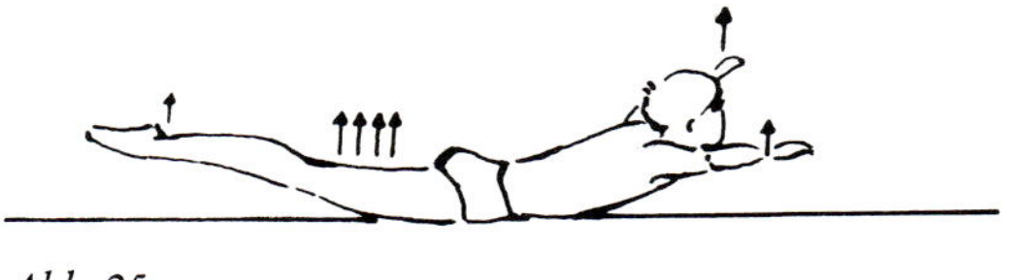

Abb. 25

In der Bauchlage auf dem Boden kann man dem Springer mitunter zeigen, wo er seine Muskeln anspannen und wo er Arbeit verrichten muß, um den Körper gestreckt

halten und führen zu können. Allerdings soll der Effekt einer solchen Demonstration keineswegs überbewertet werden *(Abb. 25)*.
Eine vor das Sprungbrett gehaltene Stange läßt sich bei den Kopfsprüngen vorwärts auch als Blickfang (Kopfführung) bzw. als Zielpunkt für den Armschwung benutzen.

2. Die Kopfsprünge rücklings rückwärts

2.1. Bewegungsbeschreibung

Kopfsprung rückwärts rücklings gehockt (201 c)

Der Absprung zu einem Kopfsprung rückwärts gehockt erfolgt aus einer leichten Rücklage (ca. 85°). Im aufsteigenden Teil des Sprunges wird das Hocken ausgeführt. Dabei werden die Knie zum Oberkörper hochgenommen, die Unterschenkel angezogen, und die Hände greifen etwa eine Handbreite unterhalb der Knie an die Unterschenkel. Da sich durch das Hochnehmen der Knie eine sehr starke Rückwärtsdrehung einstellen würde, muß kurz vor Erreichen der tiefen Hockhaltung der Oberkörper mit Kopf und Schultern zu den Knien gedrückt werden. Der Impuls für die Rückwärtsdrehung darf also aus dem Absprung heraus durch die Arme, Schultern und den Kopf nicht verstärkt werden.
In der Hocke ergibt sich durch das Gegendrücken des Oberkörpers ein leichter Rundrücken. Der Blick ist über die Knie gerichtet.
Bei endgültiger Einnahme dieser Hockhaltung im Kulminationspunkt des Sprunges sollen die Oberschenkel etwa senkrecht zur Wasseroberfläche stehen. Der Oberkörper liegt möglichst eng an den Oberschenkeln. Bei Verlassen des Scheitelpunktes der Flugparabel wird die Streckung eingeleitet, indem sich die Hände von den Beinen lösen. Die Beine werden schnell nach oben-hinten gestreckt, und fast gleichzeitig wird der Oberkörper zurückgenommen. Der Blick ist auf die Zehen gerichtet. Die Arme werden locker, aber gestreckt seitwärts geführt und gehen in der letzten Phase der Körperstreckung in die Tauchhaltung über. Mit dem Ziehen der Arme nach unten zum Wasser löst sich der Blick von den Zehen. Der Kopf wird dann zwischen die Arme genommen, wobei sich der Springer bemühen sollte, trotz der normalen Kopfhaltung zum Wasser zu blicken (Orientierung). Es erfolgt das Tauchen *(Abb. 26)*.

Kopfsprung rückwärts rücklings gehechtet (201 b)

Auch der Absprung zum gehechteten Kopfsprung rückwärts erfolgt aus einer leichten Rücklage, die der Springer erreicht, wenn er beim Absprung die gestreckten Arme etwas über die Schulterlinie hinaus nach oben schwingt. Sowie er das Brett verlassen hat, ist eine diesem Absprungwinkel zugeordnete Parabel eingeleitet worden, die während des Fluges nicht mehr verändert werden kann. Der Magen ist beim Absprung eingezogen, der Kopf in normaler Haltung. Im aufsteigenden Teil des Sprunges wird die Hechtlage möglichst schnell eingenommen, das heißt, die Beine werden kräftig angehoben. Die Hände kommen dabei den Fuß-

Abb. 26 Kopfsprung rückwärts gehockt. Im Ansprung wird ein kleiner Haltungsfehler deutlich. Zum Tauchen macht sich der Springer nicht richtig lang, die Arme ziehen ihn zu spät in den Tauchpunkt.

spitzen etwas entgegen. Der Blick ist zu den Zehenspitzen gerichtet. Die endgültige Hechtlage muß im Scheitelpunkt der Flugparabel eingenommen sein, und zwar so, daß Beine und Oberkörper je nach Vermögen und gymnastischer Ausbildung des Springers einen möglichst engen Winkel bilden, der zwischen den Beinen und der

Senkrechten geringfügig größer sein muß als der Winkel zwischen der Senkrechten und dem Oberkörper. Die Hechte wird grundsätzlich geschlossen ausgeführt.
Beim Verlassen des toten Punktes wird langsam, aber gleichmäßig die Streckung eingeleitet. Die Beine werden aus der Hüfte heraus in Richtung der Oberschenkel nach oben-hinten geschoben und sollten eine ihnen zugeordnete, gleichmäßige Kurve beschreiben, die kurz vor dem Tauchen in die der Parabel übergeht. Die Arme verbleiben zunächst in der vorhandenen Richtung zu den Zehen, die Augen sind

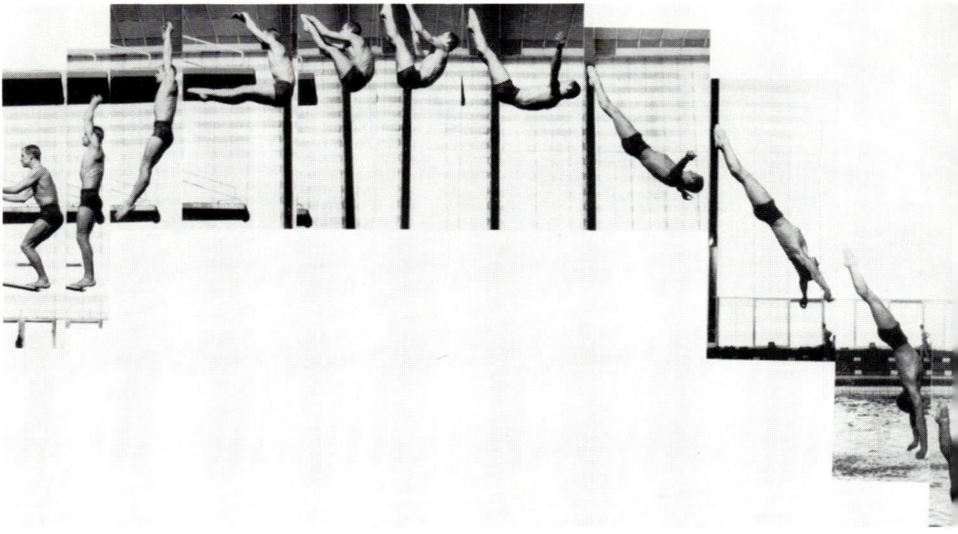

Abb. 27 Kopfsprung rückwärts gehechtet. Zur Hechte kommt der Oberkörper den (nicht sauber gestreckten) Beinen zu weit entgegen. Der dadurch zu flache Sprung muß von den Armen ins Wasser gezogen werden.

Abb. 28 Kopfsprung rückwärts gehechtet. Der Springer „setzt“ sich in die Hechte, d. h. er hebt die Beine nicht schnell genug an und erreicht die Hechtlage erst nach Überschreiten des Kulminationspunktes. Beim Streckvorgang wird der Kopf zu früh in den Nacken genommen.

ebenfalls dorthin gerichtet. Noch während der Streckung werden die locker gestreckten Arme seitwärts zur Hochhalte in die Tauchrichtung geführt. Gleichzeitig wird der Kopf in die normale Haltung zurückgeführt, wobei sich der Blick zum Wasser richtet. Daraufhin erfolgt das Tauchen.
Die Bewegungen des Streckens (Beine, Hüfte, Arme, Kopf) müssen alle ineinander überfließen *(Abb. 27, 28, 29)*.

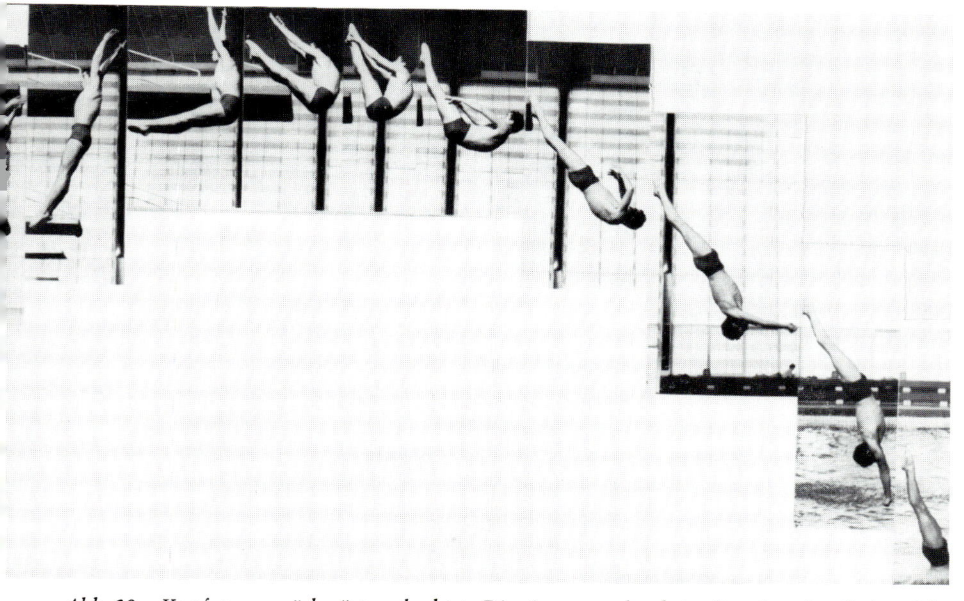

Abb. 29 Kopfsprung rückwärts gehechtet. Die Arme werden beim Strecken der Hüfte nicht breit genug und nicht gestreckt in die Tauchlinie geführt. Häufig ergibt sich daraus der Fehler, daß ein Sprung etwas verdreht ins Wasser eintaucht.

Kopfsprung rückwärts rücklings gestreckt (201 a)

Weitaus schwieriger als die vorgenannten Ausführungsarten ist der gestreckte Kopfsprung rückwärts zu springen. Die Absprungrichtung soll bei etwa 80° liegen, also etwas flacher als bei den oben besprochenen Sprüngen sein. Beim Absprung werden die Arme gestreckt, aber locker etwas über die Schulterlinie hinaus nach hinten-oben geführt, der Kopf verbleibt in der Normalhaltung. Notwendig ist ein leichter Zehendruck nach vorn-oben, wobei die Hüfte mit angehoben wird. Im Scheitelpunkt der Flugkurve werden die Arme locker seitwärts, fast querab vom Körper geführt und der Kopf leicht in den Nacken gelegt. Dabei ergibt sich eine leichte Wölbung der Brust.
Wenn der Körperschwerpunkt den Scheitelpunkt der Flugkurve überschreitet und die Fallkurve beginnt, wird der Magen eingezogen und die Tauchphase eingeleitet.

Abb. 30 Kopfsprung rückwärts gestreckt vom 1-m-Brett. Nach dem Absprung wird die Hüfte zu zaghaft angehoben. Die Springerin muß den Sprung deshalb über ein zu stark

Das heißt, der Körper muß mit seiner Längsachse in die Kurve der Parabel gebracht werden. Die Arme beginnen sich zu schließen, und der Kopf wird kurz vor dem Eintauchen zwischen die Arme in die normale Haltung genommen und von den Oberarmen eingeklemmt *(Abb. 30)*.

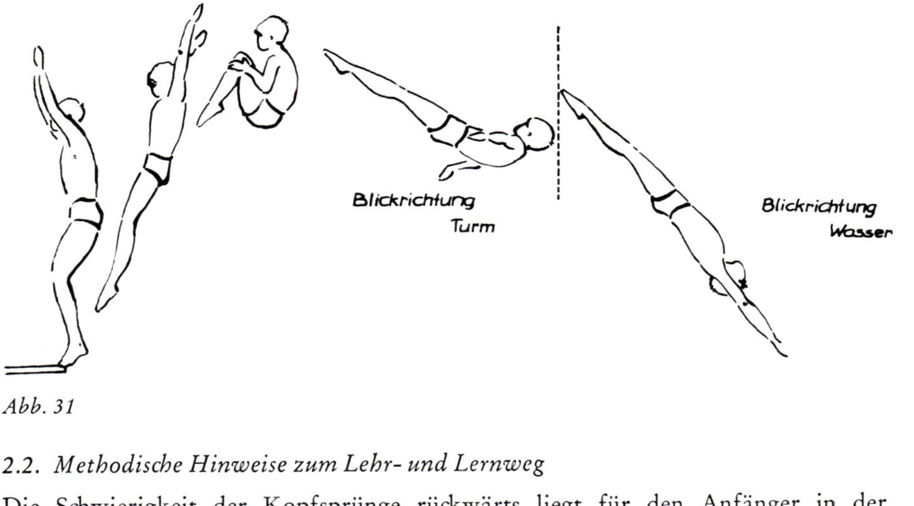

Abb. 31

2.2. *Methodische Hinweise zum Lehr- und Lernweg*

Die Schwierigkeit der Kopfsprünge rückwärts liegt für den Anfänger in der visuellen Kontrolle über den Bewegungsablauf. Er muß lernen, sich „nach hinten“

ausgeprägtes Hohlkreuz ins Wasser ziehen. Die Arme dürften im toten Punkt des Sprunges etwas weiter auseinander geführt werden.

zu orientieren. Das geschieht bei allen rückwärtsdrehenden Sprüngen dadurch, daß der Springer so lange wie möglich das normale (nicht auf den Kopf gestellte) Blickfeld im Auge behält, um sich erst in der Tauchphase des Sprunges an der Wasseroberfläche zu orientieren *(Abb. 31).*

Abb. 32 Abfallen rückwärts mit vorsichtigem Abdruck der Füße vom Brett (kein Armschwung).

Erfahrungsgemäß verliert ein Springer die Kontrolle über seinen Rückwärtssprung, wenn der Kopf zu früh in den Nacken gelegt wird und die Augen das Wasser zu früh suchen. Dann geraten nämlich die Decke bzw. der Himmel in das Blickfeld des Springers, die auf Grund der Tatsache, daß sie verkehrt herum gesehen werden, keine sichere Orientierungshilfe bieten.

Sich mit den Augen zu orientieren, wie es in Abb. 31 dargestellt ist, lernt der Springer beim Abfaller rückwärts *(Abb. 64)*, der in vielen Formen geübt werden kann. Wird diese Tauchübung sicher beherrscht und mit dem Kopf richtig geführt, kann der Kopfsprung rückwärts gestreckt in der Grobform gelernt werden. Dazu stellt sich der Springer mit erhobenen Armen rücklings auf die Brettspitze, beginnt rückwärts zu fallen (kein Hohlkreuz!) und stößt sich mit den Beinen vom Brett ab. Das geschieht bei den ersten Versuchen vorsichtig, dann immer kräftiger und zu einem früheren Zeitpunkt. Je kräftiger der Absprung ausgeführt wird, desto weniger darf der Springer nach hinten anfallen *(Abb. 32)*. Nach mehreren erfolgreichen Versuchen kann der Armschwung in die Bewegung eingegliedert werden. Daraus ergibt sich dann ein Kopfsprung rückwärts gestreckt in der Grobform, die durch viel Üben verfeinert werden muß.

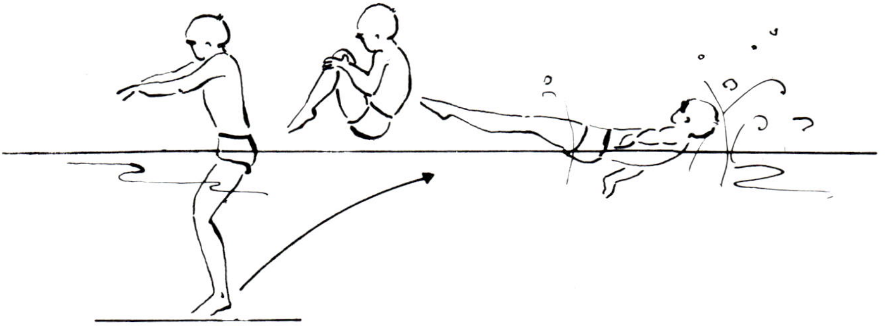

Abb. 33

Sehr viel schwerer fällt es, den Kopfsprung rückwärts gehockt und gehechtet methodisch aufzubauen, obwohl beide Sprünge in der Leistungsform leichter zu kontrollieren sind als die gestreckte Ausführung.

Nur geringen Schulungswert für den Kopfsprung rückwärts gehockt besitzt die Tauchübung rückwärts aus dem Hockstand rücklings *(Abb. 64)*. Ebenso zweifelhaft — aber nicht immer sinnlos — ist eine „Vorübung" im hüfttiefen Wasser *(Abb. 33)*, die zumindest den Vorteil hat, daß sich der Springer eine Vorstellung vom Bewegungsablauf erarbeiten kann und die Bewegungsfolge springen—hocken—strecken—Kopf zurückführen gleichsam programmatisch einübt.

Am sichersten und schnellsten lassen sich der Kopfsprung rückwärts gehockt und gehechtet im großen Trampolin aufbauen durch einen Sprung in die Rückenlage, der eine Hocke bzw. Hechte vorausgeht *(Abb. 34)*. Der Unterschied dieser Sprünge zu den Kopfsprüngen rückwärts gehockt und gehechtet ins Wasser besteht lediglich darin, daß der Streckvorgang aus der Hocke bzw. Hechte früher eingeleitet und der Kopf nach der Hüftstreckung nicht in den Nacken geführt wird.

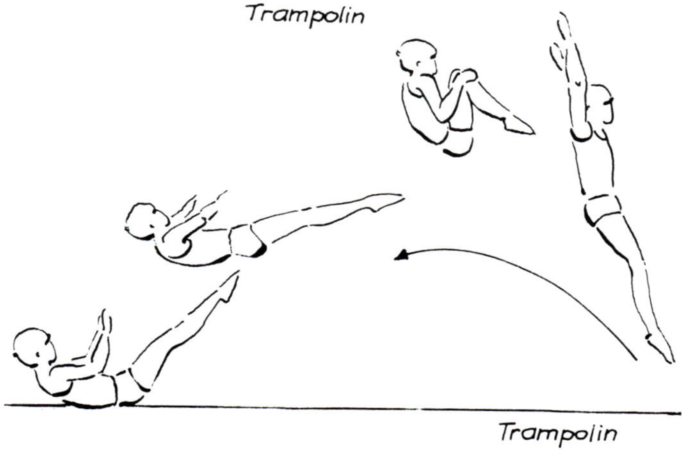

Abb. 34

3. Die Kopfsprünge vorlings rückwärts (Auerbach)

3.1. Bewegungsbeschreibung

Bei allen Auerbachsprüngen soll mit leicht zurückgehaltenen Schultern und leichtem Fußabdruck nach hinten abgesprungen werden. Im Absprung werden die Arme möglichst gestreckt vor dem Körper in die Strecklage geschwungen, wobei sie die Strecklage etwas nach hinten überschreiten, ohne daß es dabei zum Hohlkreuz kommen darf. Der Blick des Springers ist zum Scheitelpunkt seiner erwünschten

Abb. 35 Auerbachkopfsprung gehockt vom 1-m-Brett. Im Absprung wird die Hüfte zu wenig vorgeschoben. Der Sprung erhält dadurch zu wenig Drehimpuls und muß, anstatt in die Verlängerung der Körperachse, über eine ausgeprägte Hechtbeuge nach oben gestreckt werden. In der Hocke sollten die Ellbogen möglichst an den Oberschenkeln liegen.

Sprungkurve gerichtet. Der Absprungwinkel zur Waagerechten soll etwa 80—82° betragen. Schulterrückhaltung und Fußabdruck nach hinten im Augenblick des Absprunges müssen richtig dosiert zusammenwirken. Sie ergeben die Drehung um die Körperbreitenachse des sich mit seinem Schwerpunkt auf der Sprungparabel bewegenden Springers.

Auerbachkopfsprung gehockt (301 c)

Nach dem Absprung bringt der Springer die Oberschenkel mit nach unten gedrückten Unterschenkeln (Knie, Fersen und Ballen beieinander, Zehen gestreckt und eingerollt) an die Brust. Arme, Kopf und Oberkörper kommen gleichzeitig den Beinen so entgegen, daß im Scheitelpunkt der Flugkurve eine geschlossene Hocke erreicht wird. Die Hände erfassen dabei handbreit unter den Knien die Unterschenkel und ziehen die gebeugten Beine an die Brust heran. Die Ellenbogen liegen an den Oberschenkeln. Bei gerundetem Rücken ist der Kopf leicht zu den Knien vorgeschoben, Blickrichtung über die Knie aufwärts. Die Oberschenkel sollen in diesem Zeitpunkt etwa senkrecht zur Wasseroberfläche stehen.

Die Hocke wird kurze Zeit beibehalten. Nach Überschreiten des Scheitelpunktes der Flugkurve, also zu Beginn der Fallkurve, werden die Beine in die verlängerte Körperachse, mit leichtem Zehendruck nach oben-hinten (der Drehrichtung entgegen) gestreckt. Dabei lösen sich die Hände von den Unterschenkeln. Sie bleiben zunächst in Nähe der Beine. Der Oberkörper wird mit Kopfstellung und Blickrichtung zu den Fußspitzen zurückgenommen. Dabei kommen die locker gestreckten Arme während des Körperstreckens an den Oberschenkeln vorbei über die Seithalte zur Hochhalte in die Körperachse. Während sich die Arme der Hochhalte nähern, nimmt der Springer den Kopf zurück, um sich mit Blick zum Wasser zu orientieren. Anschließend führt er die Arme über dem Kopf in der Körperverlängerung zueinander, nimmt den Kopf ruhig in die Körperachse zurück, wobei die Oberarme an den Ohren anliegen, und spannt sich in dieser Strecklage von

Abb. 36 Auerbachkopfsprung gehechtet. Die Arme greifen den Beinen zu weit entgegen, die Beine werden deshalb nicht hoch genug in die Hechtlage gehoben und die Hechte erscheint nicht eng genug. Beim Strecken werden die Arme nicht seitlich, sondern vor dem Körper geschlossen in die Tauchlinie geführt. Das stört nicht nur das Bewegungsbild, es führt wegen der Schwerpunktverlagerung auch häufig zum Überschlagen der Beine beim Tauchen.

Abb. 37 Auerbachkopfsprung gehechtet. Nach vorbildlichem Ansprung werden die Beine aus der Hechte heraus wieder nach hinten gedrückt. Von einigen Springern wird das bewußt gemacht, um die Gefahr eines Überschlagens der Beine beim Eintauchen zu verringern. Hier führt es dazu, daß der zu flach gewordene Sprung über das leichte Hohlkreuz ins Wasser gezogen werden muß.

den Händen bis zu den Zehen (Magen eingezogen, Gesäßmuskeln gespannt, kein Hohlkreuz) zum Tauchen. Zweckmäßig werden die Hände kurz vor dem Wasser leicht aufgestellt, um ein Tauchen mit wenig Spritzern zu erreichen. Der Eintauchwinkel soll etwa 90° betragen *(Abb. 35)*.

Auerbachkopfsprung gehechtet (301 b)

Sofort nach dem Absprung bringt der Springer die gestreckten und gespannten Beine (Knie durchgedrückt, Zehen eingerollt) vorwärts-aufwärts in die Hechtbeuge (Reaktion auf den oben beschriebenen Fußabdruck nach hinten beim Absprung vom Brett). Zur gleichen Zeit werden die Arme und der Oberkörper den Beinen so entgegengebracht, daß im Scheitelpunkt der Sprungkurve die geschlossene Hechtbeuge erreicht wird. Dabei berühren die Hände Spann und Zehen, die Brust ist den Oberschenkeln nahe, Rücken gerundet, Schultern in Armrichtung vorgedrückt, Kopf leicht angehoben, Blick zu den Fußspitzen. Der Winkel zwischen der Senkrechten und den Beinen des Springers soll etwa 10—15° betragen. Die Hechte wird beim Auerbachkopfsprung grundsätzlich geschlossen ausgeführt.
Diese Körperhaltung soll im Scheitelpunkt der Sprungkurve, in dem die Aufwärtsbewegung endet und ein scheinbarer Stillstand eintritt, kurze Zeit beibehalten werden. Der Eindruck des Verharrens im höchsten Punkt soll noch verstärkt werden, indem der Springer beim Überschreiten des Scheitelpunktes am Anfang der Fallkurve das Strecken des Körpers mit einer Schiebebewegung des Unterkörpers in die Richtung der Beine beginnt. Dabei üben die Zehen einen leichten Druck nach hinten aus. Die Hände verlassen die Fußspitzen, die Arme bleiben zunächst noch parallel zu den Beinen. Der Oberkörper wird mit Kopfstellung und Blickrichtung zu den Fußspitzen zurückgenommen. Dabei kommen die locker gestreckten Arme während der Körperstreckung an den Oberschenkeln vorbei über die Seithalte zur Hochhalte in die verlängerte Körperachse. Während sich die Arme der Hochhalte nähern, nimmt der Springer den Kopf zurück, um sich mit den Augen an der Wasseroberfläche (Eintauchpunkt) zu orientieren. Anschließend führt er die Arme in der Hochstrecke mit den Händen zueinander, nimmt den Kopf ruhig in die Körperachse zurück — wobei die Oberarme bei den Ohren liegen sollen — und spannt sich in dieser Strecklage von den Händen bis zu den Zehen (Magen angezogen, Gesäßmuskeln gespannt) zum Tauchen *(Abb. 36, 37)*.

Auerbachkopfsprung gestreckt (301 a)

Durch Zusammenwirken von Wurfkraft des Sprungbrettes und der Sprungkraft des Springers mit fein aufeinander abgestimmtem Druck der Füße nach hinten und Schwung der Arme nach oben rückwärts soll der Springer nach dem Absprung zunächst nur in die Höhe steigen. Dabei neigt sich der von den Händen bis zu den Zehen gestreckte Körper (Magen eingezogen, Gesäßmuskeln gespannt) im aufsteigenden Ast der Sprungkurve allmählich nach hinten. Die Beinmuskulatur ist fest gespannt. Die Zehen üben einen leichten Druck nach oben aus. Vor Erreichen des Scheitelpunktes zieht der Springer mit dem Kopf und den in die Seithalte geführten Armen den Oberkörper stark zurück und wölbt die Brust nach oben. Im Scheitelpunkt der Sprungkurve liegt der Körper mit in den Nacken gelegtem Kopf und leichtem Hohlkreuz fast waagrecht in der Luft. Auch bei diesem Sprung soll im Scheitelpunkt ein scheinbarer Ruhepunkt erkennbar werden.

Die Fallkurve wird mit ruhigem Vorziehen der Arme in die Hochhalte eingeleitet. Dabei muß das leichte Hohlkreuz korrigiert und der Kopf aus der Nackenhalte in die Körperachse gebracht werden. Anschließend führt der Springer die Arme in der Hochhalte mit den Händen zueinander, so daß die Oberarme bei den Ohren liegen, und spannt sich von den Händen bis zu den Zehen zum Tauchen *(Abb. 38)*.

3.2. *Methodische Hinweise zum Lehr- und Lernweg*

Da es sich bei Auerbachsprüngen um eine Drehung des Körpers rückwärts um seine Breitenachse handelt, diese Drehung (Rotation) jedoch aus dem Stand bzw. Anlauf vorlings eingeleitet werden muß, empfiehlt es sich, diesen Sprung erst zu lehren bzw. zu erlernen, wenn die Kopfsprünge rückwärts in der Grobform beherrscht werden. Die Einleitung einer Rückwärtsdrehung aus dem Stand vorlings ist aber nicht nur schwieriger als aus dem Stand rücklings. Häufig, muß der Anfänger bei

Abb. 38 Vorbildlich angesprungener Auerbachkopfsprung gestreckt, der leider mit den Armen etwas zu spät in die Tauchlinie geführt wird.

Abb. 39 Auerbachfußsprung. Nach dem Absprung soll die Hüfte völlig gestreckt vorgebracht werden. Die Arme bleiben in der Körperverlängerung.

Auerbachsprüngen auch noch Hemmungen und Angstgefühle überwinden, da er das Brett in seinem Rücken weiß, es aber nicht sehen kann.

Der Absprung vorlings mit deutlichem Vorbringen der Hüfte (= Einleitung der Rückwärtsdrehung) wird zunächst mit dem Auerbachfußsprung vom Beckenrand *(Abb. 39)* vom Sprungbrett oder auch im Trampolin *(Abb. 40)* geübt. Aus diesem Absprung läßt sich auf verschiedene Art und Weise der Auerbachkopfsprung gehockt entwickeln, mit dem zu beginnen ratsam scheint, weil er der einfachste der Auerbachkopfsprünge ist.

a) Der Springer lernt auf dem großen Trampolin den 1/4 Salto rückwärts gehockt in die Rückenlage nach deutlichem Absprung nach vorn-oben *(Abb. 41)*. Wird

Abb. 40 Anlauf, Aufsatz und Absprung zum Auerbachfußsprung zur gestreckten Rückenlandung im großen Trampolin.

dieser Sprung beherrscht, kann er vom Brett ausgeführt werden. Die Hocklage wird ein klein wenig länger als auf dem Trampolin beibehalten, der Kopf nach dem Strecken der Beine in den Nacken gelegt, der Körper mit den Armen ins Wasser gezogen.

Abb. 41

b) Steht kein Trampolin zur Verfügung, stellt sich der Springer nach Erlernen des Auerbachfußsprunges vorlings auf die Brettspitze und erhält die Aufgabe, nach dem Absprung zum Auerbachfußsprung zur Stange zu greifen und Hüfte (Bauchnabel!) und Knie ebenfalls zur Stange zu bringen *(Abb. 42)*. Die Knie werden dann von den Händen gefaßt, an die Brust gezogen und dort festgehalten. Daraus ergibt sich zunächst in der Regel ein Auerbachsalto. Beherrscht der Springer den Kopfsprung rückwärts gehockt, wird er nach wenigen Erfahrungen

mit Auerbachsprüngen den Vorgang des Streckens zum Kopfwärtstauchen leicht auf den Auerbachkopfsprung gehockt übertragen können. Auf die Ähnlichkeit der beiden Sprünge (Kopfsprung rückwärts gehockt und Auerbachkopfsprung gehockt) muß man jedoch hinweisen.

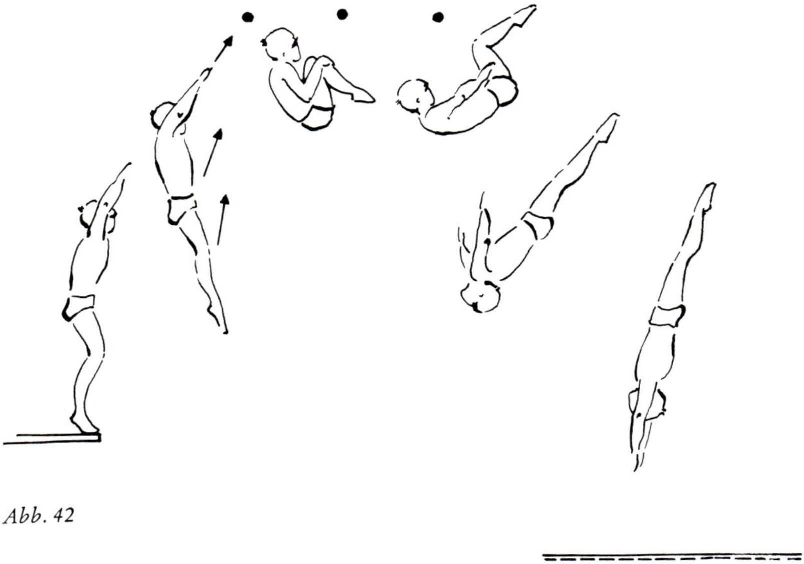

Abb. 42

c) Möglich ist es auch, einen Springer die ersten Auerbachsprünge aus dem Anlauf und Absprung von einem Bein versuchen zu lassen. Die Federung des Sprungbrettes muß in diesem Fall durch die bewegliche Walze oder Brettunterlage sehr hart gestellt werden. Der Springer erhält die Aufgabe, nach zwei oder drei zügigen Anlaufschritten sein Schwungbein anzuheben und den Fuß in Richtung einer weit vor die Brettspitze gehaltenen Stange zu schwingen. Unmittelbar nach dem einbeinigen Absprung folgt das Sprungbein dem Schwungbein nach. Erreichen beide Beine geschlossen die Höhe der Stange, soll der Kopf in den Nacken gelegt werden *(Abb. 43)*.
Der Nachteil dieses Lehrweges ist jedoch, daß ein neuer Absprung vorausgesetzt wird bzw. mitgelernt werden muß und daß sich aus dem so erlernten Auerbachkopfsprung gestreckt nur unter großen Schwierigkeiten ein Auerbachkopfsprung gehockt oder gehechtet aus dem richtigen beidfüßigen Absprung vorlings entwickeln läßt.

d) Schließlich kann auch die sogenannte „Auerbachschaukel" als vorbereitende Übung für den Auerbachkopfsprung angesehen werden. Der Springer hängt sich dazu unter das 3-m-Sprungbrett, wird unter Umständen daran gehoben, um ihm einen sicheren Griff zu ermöglichen. Nach ein- oder zweimaligem Vor-

und Rückschaukeln sollen beim Vorschwung die Knie zur Brust gehoben und der Kopf in den Nacken gelegt werden, die Hände müssen sich vom Brett lösen. Die Augen suchen das Wasser, und die Arme ziehen den Oberkörper in den Eintauchpunkt *(Abb. 44)*. (Anm.: Bei genügender Sicherheitsstellung läßt sich diese

Abb. 43

Auerbachschaukel natürlich auch an der Reckstange oder den schwingenden Ringen in der Turnhalle üben.) Obwohl es sich bei dieser Bewegung um einen

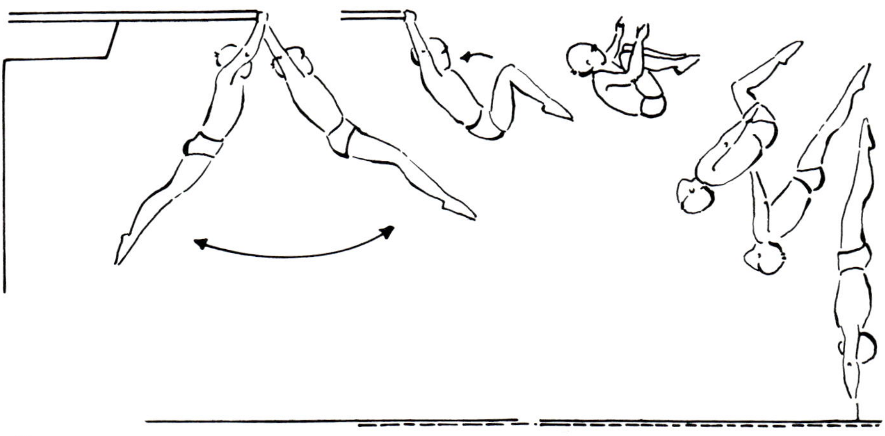

Abb. 44

Pendel*schwung*, also um einen biomechanisch vom Auerbach*sprung* gänzlich unterschiedenen Bewegungsablauf handelt, lassen sich mit der Auerbachschaukel doch erste Erfahrungen sammeln, wie sich aus einem *Vorwärts*schwung eine *Rückwärts*drehung ergeben kann. Nach überwundener Skepsis bereitet diese Übung Kindern auch Freude. Das Wagnis des ersten Auerbachsprunges aus dem Stand auf dem Brett wird dadurch nicht verringert.

4. Die Kopfsprünge rücklings vorwärts (Delphin)[3]

4.1. Bewegungsbeschreibung

Delphinkopfsprung gehockt (401 c)

Der gehockte Delphinkopfsprung ist der leichteste der Sprunggruppe rücklings vorwärts. Beim Absprung werden die Arme in die Streckung nach oben geschoben, die Füße drücken den Körper vom Brett leicht zurück nach hinten. Sofort nach Verlassen des Sprungbrettes soll der Springer das Gesäß energisch anheben und seine

[3] Im Jargon der Kunstspringer heißen die Delphinsprünge auch Sprünge „gegen das Brett". Da diese Bezeichnung mißverständlich ist, scheint es mir klug zu sein, sie bei Anfängern zu vermeiden.

Abb. 45 Delphinkopfsprung gehockt. Die Streckung erfolgt über eine zu ausgeprägte Hechte. Oberkörper und Arme ziehen, bedingt durch diese Hechte, den Körper zu spät nach vorn in die Tauchlinie.

Abb. 46 Delphinkopfsprung gehechtet. Im Ansprung wird das Gesäß nicht nach oben, sondern nach hinten-oben gehoben. Dadurch werden die Beine zu stark nach vorn gezogen (gegenziehen), und der Springer muß verhältnismäßig lange in der Hechtbeuge bleiben, um den Sprung sauber tauchen zu können.

Unterschenkel scharf nach hinten-oben abschlagen. Erst danach beugt er den Oberkörper zu den Knien, seine Hände erfassen etwa eine Handbreite unterhalb der Knie die Unterschenkel und ziehen die Brust an die Oberschenkel heran. In dieser Hocklage bleibt der Kopf in der Normalhaltung, der Blick ist auf die Eintauchstelle gerichtet. Keinesfalls darf das Kinn auf die Brust gedrückt werden. Die Ellenbogen liegen an den Oberschenkeln, die jetzt etwa senkrecht zur Wasseroberfläche stehen. Im Scheitelpunkt der Sprungkurve soll diese Hocklage kurze Zeit beibehalten werden.

Bei Beginn der Fallkurve lösen sich zunächst die Hände von den Unterschenkeln, die Beine werden über eine leicht angedeutete Hechtbeuge scharf gestreckt. Danach werden die locker gestreckten Arme über die Seithalte zur Hochhalte gebracht. Sie führen den Oberkörper in die Tauchrichtung. Das Gesäß wird dabei bis zur vollkommenen Streckung des Körpers zusammengepreßt. Im letzten Drittel der Flugkurve werden die Arme langsam über dem Kopf zusammengeführt. Die Oberarme pressen gegen die Ohren, und mit dem Blick zu den Fingerspitzen fällt der Körper in den Eintauchpunkt. Es ist wichtig, daß der Körper dabei völlig gestreckt und gespannt bleibt *(Abb. 45)*.

Delphinkopfsprung gehechtet (401 b)

Der Absprung zum Delphinkopfsprung gehechtet ähnelt dem zur Ausführung gehockt. Jedoch wird nach dem Fußabdruck vom Brett die Muskelspannung in den Beinen verstärkt, und die Knie bleiben gestreckt. Der Oberkörper beugt sich während des Aufsteigens des Körpers zum toten Punkt der Sprungkurve zu den Beinen. Die Beine sollen dann etwa senkrecht zum Wasser stehen *(Abb. 1 b)*. Sie üben einen leichten Druck gegen den Oberkörper nach vorn aus. Die Hände legen sich auf die Fußspitzen (bei geschlossener Hechte) oder bleiben mit locker gestreckten Ellenbogen in der Seithalte (offene Hechte). Der Oberkörper soll möglichst eng auf die Beine gedrückt werden. Der Blick ist über die Fußspitzen hinweg auf die Eintauchstelle gerichtet. Bei einer tiefen und engen Hechtlage muß das Gesäß der höchste Punkt sein. Aus der Hechte heraus führen die Arme den Oberkörper in die Streckung, werden über dem Kopf zusammengeführt und zum Tauchen geschlossen. Der Kopf wird dazu zwischen die Arme genommen. Die Fußspitzen üben bei völlig gestrecktem Körper einen leichten Druck nach vorn gegen die Drehrichtung aus *(Abb. 46)*.

Abb. 47 Mangelhafte Spannung im Gesäß und zu geringer Fersendruck nach hinten-oben führt beim Delphinkopfsprung gestreckt kurz nach dem Absprung zu einem Hüftknick, der mit Punktabzügen bestraft wird.

Delphinkopfsprung gestreckt (401 a)

Beim Delphinkopfsprung gestreckt, dem schwierigsten seiner Sprunggruppe, muß im Augenblick des eigentlichen Absprunges vom Brett die Hüfte leicht nach vorn ins Brett hinein gedrückt werden. Der Armschwung aufwärts endet ein wenig vor der vollkommenen Hochhalte, während die Füße ins Brett hinein einen Druck nach unten ausüben. Der Kopf verbleibt in der Normalhaltung, der Blick ist zu den Händen leicht nach oben gerichtet. Die Fußspitzen werden nach Verlassen des Brettes unter verstärkter Kreuz- und Gesäßspannung nach hinten aufwärts gedrückt. Dieser Druck setzt sich in den Oberschenkeln fort. Geschieht das nicht, ergibt sich ein Hüftknick *(Abb. 47)*.

Der Körper soll im Scheitelpunkt der Flugkurve etwa waagerecht in der Luft liegen. Zu beachten ist dabei, daß Schultern und Arme zwar gestreckt, aber locker sein müssen. Die Arme dürfen keinesfalls über die Schulterlinie hinaus zur Seite nach hinten geführt werden.

Vom Scheitelpunkt der Flugkurve aus fällt der Oberkörper in die Tauchlinie. Zum Tauchen wird die Streckung des Körpers über die Arme durch verstärkte Muskelspannung und durch das Einziehen des Magens intensiviert *(Abb. 48)*.

4.2. Methodische Hinweise zum Lehr- und Lernweg

Die Delphinkopfsprünge gehockt und gehechtet sind so einfach (s. Schwierigkeitsgrad), daß ein Springer, der den Kopfsprung vorwärts und den Absprung rücklings (Fußsprung rückwärts) beherrscht, diese Sprünge in der Regel vom Zusehen oder

Abb. 48 Delphinkopfsprung gestreckt. Im Augenblick des Absprunges wird die Hüfte nicht weit genug ins Brett nach vorn geschoben, der Kopf nicht angehoben. Dadurch ergibt sich auch hier ein geringfügiger Hüftknick in der ersten Phase des Sprunges. Die Arme werden zu früh auseinander und nach hinten geführt.

auch auf Grund einer kurzen Erklärung lernt. Dabei ist der Hinweis notwendig, daß das Anheben des Gesäßes wichtiger ist als das Hinunterbeugen des Oberkörpers zu den Beinen. Eine kleine vorbereitende Hilfe mag der Delphinfußsprung *(Abb. 49)* sein.

Abb. 49 Delphinfußsprung.

Methodisch vorbereiten lassen sich die Delphinsprünge auf dem großen Trampolin durch Sprünge gehockt und gehechtet in die Bauchlage. Der Kopfsprung vorwärts und der Fußsprung rückwärts vom Sprungbrett gehören zwar zum methodischen

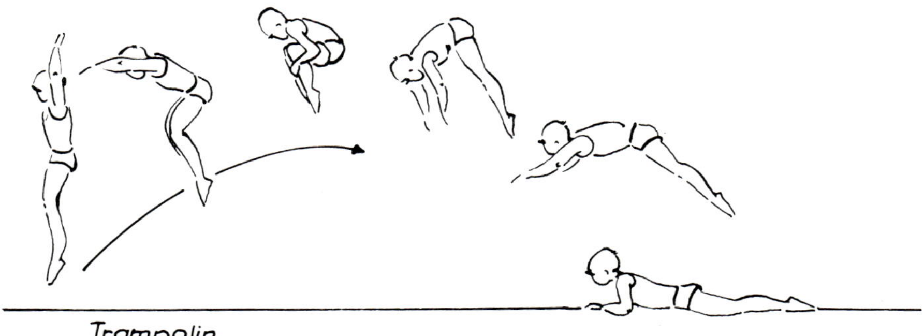

Abb. 50

Aufbau der Delphinkopfsprünge und mögen in der Regel als Vorbereitung auch genügen, aber auf dem Trampolin läßt sich durch Markierungen, die bei der Bauchlandung nicht berührt werden dürfen, die Vorwärtsdrehung nach einem Absprung nach hinten-oben gefahrlos üben *(Abb. 50)*.

5. Die Kopfsprünge vorwärts mit halber Schraube

5.1. *Bewegungsbeschreibung*

Kopfsprung vorwärts gehechtet mit einer halben Schraube[4] *(5111 b)*

Beim Absprung werden die Arme möglichst hoch über die Schultern nach oben geschwungen, der Kopf wird aufrecht gehalten. Mit dem letzten Fußabdruck vom Brett wird das Gesäß schnell angehoben, Arme und Schultern fallen in die Hechtlage. Die Hechtlage soll für die halbe Schraube mit auseinander geführten Armen (offene Hechte) ausgeführt werden, wobei die Beine einen etwas stärkeren Druck nach vorn gegen die Drehrichtung ausüben als beim einfachen Kopfsprung vorwärts gehechtet. Die Augen visieren über die Fußspitzen hinweg die Eintauchstelle an. Die Schraubendrehung wird nach Erreichen des Kulminationspunktes der Flugkurve von der Hüfte eingeleitet und von den Armen — und damit auch von den Schultern — dadurch unterstützt, daß (bei einer Rechtsdrehung) die linke Hand aus der offenen Hechthalte an den Füßen vorbei nach rechts, die rechte Hand in Drehrichtung zurückgeführt wird. Dabei streckt sich der Körper in der Hüfte, der Kopf fällt noch während der Schraubendrehung leicht in den Nacken, damit der Springer zur Eintauchstelle blicken kann.

Bei einer Linksdrehung übernehmen der rechte und der linke Arm entsprechend umgekehrte Aufgaben.

Sobald die halbe Schraube ausgeführt ist, wird die Spannung in der Gesäßmuskulatur verstärkt, und die Arme werden über dem Kopf geschlossen und aus den Schultern heraus ins Wasser gesteckt. Die Oberarme schließen dabei den Kopf ein.

Für die Vorstellung des Springers von diesem Sprung ist wichtig, daß die halbe Schraube als Rückwärtssprung getaucht wird. Das gelingt, wenn nach Ausführung der halben Schraube der Zehendruck nach hinten verstärkt wird, ohne daß dadurch die Beine ins Hohlkreuz fallen dürften *(Abb. 51).*

Kopfsprung vorwärts gestreckt mit einer halben Schraube (5111 a)

Auch für die gestreckte halbe Kopfsprungschraube vorwärts wird angestrebt, aus einem Kopfsprung vorwärts einen rückwärts tauchenden Sprung zu machen. Allein die Vorstellung, daß dieser Sprung auch als Vorwärtskopfsprung getaucht werden soll, genügt häufig, um die halbe Kopfsprungschraube vorwärts gestreckt überschlagen zu lassen.

Grundsätzlich gibt es nach neuesten Erfahrungen zwei Arten, diesen Sprung auszuführen. Es ist möglich, die halbe Schraube um die Längsachse des Körpers im Absprung so zu dosieren, daß sie erst kurz vor dem Eintauchen beendet ist (a). Andererseits kann die halbe Schraube aber auch schon im aufsteigenden Ast der

---

[4] Man spricht bei diesem Sprung auch von einem „halben Bohrer".

Abb. 51 Kopfsprung vorwärts gehechtet mit einer halben Schraube („halber Bohrer"). Der Absprung erfolgt aus einer zu großen Vorlage, die Hechte ist deshalb nicht tief genug. Die Arme werden nicht in eine offene Hechte auseinandergeführt. Dadurch kann die Schrauben-

Flugkurve ausgeführt und beendet werden, so daß der gesamte Sprung schon vom Kulminationspunkt ab als Kopfsprung rückwärts gestreckt anzusehen ist (b).
Es gibt Mischformen dieser beiden Techniken. Kein anderer Pflichtsprung läßt so viele Möglichkeiten zur individuellen Gestaltung und Ausformung zu wie die halbe Kopfsprungschraube vorwärts gestreckt.

a) Beim Absprung werden die Arme wie beim Kopfsprung vorwärts gestreckt vorwärts-aufwärts geschwungen und nach Verlassen der Füße vom Brett bei leicht angehobenem Kopf in die Seithalte geführt. Bei diesem Auseinanderführen der Arme werden jedoch im Gegensatz zum einfachen Kopfsprung vorwärts gestreckt bei einer Rechtsdrehung um die Längsachse des Körpers der linke gestreckte Arm (= Führarm) möglichst weit aus den Schultern heraus ruhig nach vorn geführt, die rechte Schulter mit möglichst lockerem Arm nach hinten geschoben. Die Augen verfolgen die linke Hand, wobei jedoch auf die nötige Spannung in der Bauch- und Gesäßmuskulatur zu achten ist, damit bei dieser Kopfführung kein seitlicher Hüftknick entsteht.
Nach wenig mehr als einer viertel Schraube zielt der Führarm bereits in den Tauchpunkt, der Blick löst sich von der linken Hand. Der Kopf macht eine

drehung durch die Armführung nicht aktiv unterstützt und hier erst im allerletzten Moment vollendet werden.

vorsichtige Rechtsdrehung in die Normalhaltung zurück, fällt ebenso vorsichtig in den Nacken und wird dann wie beim Kopfsprung rückwärts gestreckt geführt. Nach Beendigung der halben Schraubendrehung werden die Arme aus den Schultern herausgestreckt und zum Tauchen über dem Kopf geschlossen. Der Zehendruck wird wie beim Kopfsprung rückwärts gestreckt nach hinten verstärkt, und der Kopf zum Tauchen zwischen die Arme genommen *(Abb. 52 u. 53).*

b) Bei der zweiten Art, die halbe Kopfsprungschraube vorwärts gestreckt zu springen, wird die Schraubendrehung bereits im aufsteigenden Teil der Flugkurve beendet. Sie kann, nachdem der Impuls zu einer Schraubendrehung im Absprung möglichst vorsichtig dosiert wurde, durch eine rasche Drehung der Hüfte bei enger Armführung, oder durch schnelles Anlegen der Arme an den Oberkörper in Drehrichtung ausgeführt werden, wobei das Zurückführen der rechten Schulter (bei einer Rechtsdrehung) und die Unterstützung der Rotation durch eine leichte Kopfdrehung wichtig ist. In beiden Fällen wird die halbe Schraubendrehung durch ein schnelles und weites Auseinanderführen der Arme nach beiden Körperseiten hin so stark verzögert, daß eine weitere Schraubendrehung sichtbar nicht mehr stattfindet. Sehr häufig ist bei dieser Art, die halbe Schraube zu

Abb. 52 Kopfsprung vorwärts gestreckt mit einer halben Schraube. Im Absprung hebt der Springer den Kopf nicht an, springt in eine zu flache Sprungkurve und muß alles daransetzen, seinen Sprung nicht überschlagen zu lassen. Arme und Schultern leiten die Schraube viel zu spät ein und führen sie völlig verkrampft zu Ende, weil der Springer die Arme nach vorn schieben muß („gegendrücken“).

drehen, die Rotation jedoch so schnell, daß das Auseinanderführen der Arme allein zum „Stoppen“ der Schraubendrehung nicht genügt. In diesem Fall muß das Weiterdrehen der Schraube durch ein starkes Hohlkreuz verhindert werden. Durch dieses starke Hohlkreuz verschiebt sich die Rotationsachse, verläuft nicht mehr durch den Körperschwerpunkt, was die Rotation wesentlich erschwert und damit verlangsamt.
(Die halbe Schraube in der *Abb. 54* erinnert ein wenig an die hier beschriebene Technik.)

5.2. Methodische Hinweise zum Lehr- und Lernweg

Selbstverständliche Voraussetzung für die Kopfsprungschrauben vorwärts sind die Kopfsprünge vorwärts gehechtet und gestreckt sowie der Kopfsprung rückwärts

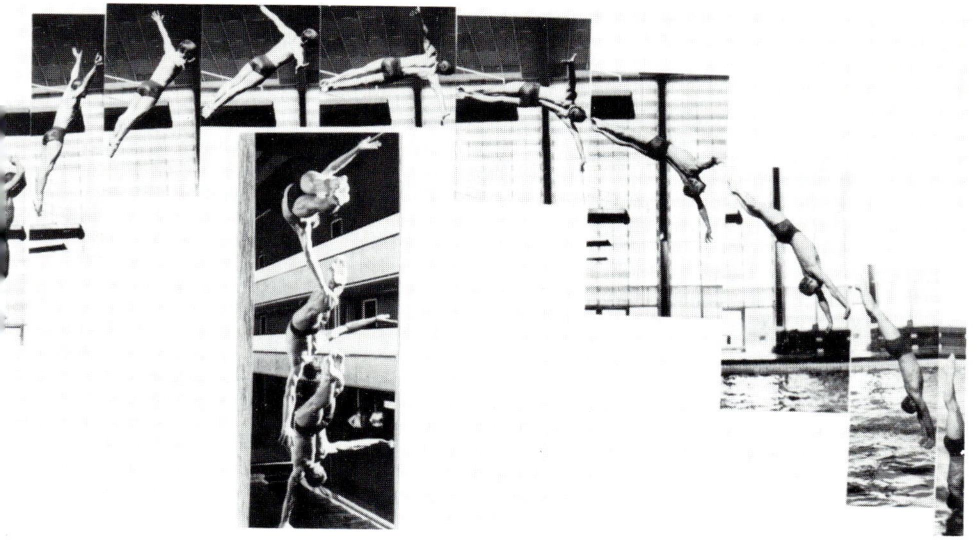

Abb. 53 Hervorragende Kopfsprungschraube vorwärts. Lediglich die Arme werden nicht locker geführt (gespreizte Finger!)

Abb. 54 Kopfsprung vorwärts gestreckt mit einer halben Schraube. Die Schraube wird zunächst durch das Anlegen der Arme beschleunigt, um dann durch das weite Auseinanderführen der Arme und das starke Hohlkreuz „gestoppt“ (verlangsamt) zu werden.

gestreckt. Es muß in jedem Stadium des Lernwegs bedacht sein, daß die halbe Kopfsprungschraube vorwärts als Kopfsprung rückwärts getaucht wird.
Als aufbauende Übung für den Kopfsprung vorwärts gehechtet mit einer halben Schraube empfiehlt sich ein Abfaller aus der Hechtlage mit einer halben Schraube, der weit von der Brettspitze entfernt ins Wasser tauchen soll. Das erleichtert es dem Springer, die Eintauchphase als rückwärtstauchenden Sprung zu erleben. Beim Abfaller lassen sich auch für den Springer leicht verständliche Bewegungsanweisungen bezüglich der Armführung geben.

Abb. 55

Abb. 56

Die für den gestreckten Abfaller ohne Frage schwieriger zu kontrollierende Schraube wird für den Anfänger vereinfacht, wenn er bereits auf dem Brett die Schulter des Führarms vorschiebt, den linken Fuß (bei einer Linksdrehung) auswärts quer zur Sprung- bzw. Fallrichtung stellt und mit dem Führarm den Körper in den Eintauchpunkt zieht *(Abb. 55)*.

Abb. 57

Sinnvolle Vorbereitungen für die halben Kopfsprungschrauben vorwärts gehechtet und gestreckt sind auch der Viertelsalto vorwärts gehechtet mit einer halben Schraube in die gehechtete Rückenlage bzw. der Viertelsalto vorwärts gestreckt mit einer halben Schraube in die gestreckte Rückenlandung auf dem Sprungtuch *(Abb. 56, 57)*.

6. Andere Kopfsprungschrauben

Grundsätzlich lassen sich alle Kopfsprünge mit einer halben Schraube springen. Allerdings stehen die gehockten Kopfsprünge vorwärts, rückwärts, vorlings rückwärts (Auerbach) und rücklings vorwärts (Delphin) mit einer halben Schraube nicht in der internationalen Sprungtabelle und fallen damit als Wettkampfsprünge aus. Die Auerbachkopfsprünge und Rückwärtskopfsprünge gehechtet mit einer halben Schraube weisen so große Schwierigkeiten auf, daß man sie kaum zu den Grundleistungssprüngen zählen darf.
Es bleiben der Delphinkopfsprung gehechtet und gestreckt sowie der Kopfsprung rückwärts und der Auerbachkopfsprung gestreckt mit einer halben Schraube.

Die Delphinkopfsprünge mit einer halben Schraube (5411 a und b) gleichen, vor allem was die Schraubendrehung angeht, den Kopfsprungschrauben vorwärts, die im vorigen Kapitel beschrieben wurden. Der wesentliche Unterschied liegt im Absprung. Dieser Unterschied sollte aber bereits aus der Beschreibung des Absprunges zu den einfachen Delphinkopfsprüngen deutlich geworden sein (s. Kap. VI. 1. und VI. 4.). Und wie die Kopfsprungschrauben vorwärts werden die Delphinkopfsprünge mit einer halben Schraube als Rückwärtssprünge getaucht, das heißt formal gesehen, als Auerbachsprünge, da der Absprung aus der Stellung rücklings auf dem Brett erfolgt.

Wenig Schwierigkeiten bereitet Anfängern der *Kopfsprung rückwärts gestreckt mit einer halben Schraube (5211 a).* Wie zum Kopfsprung rückwärts werden beide Arme im Absprung über die Schulterlinie hinaus nach oben-hinten geschwungen. Die gestreckte Hüfte wird etwas stärker als beim Kopfsprung rückwärts ohne Schraube angehoben. Der Kopf darf keinesfalls in den Nacken fallen, die Augen fixieren einen Punkt in Augenhöhe an der Wand hinter dem Sprungbrett. Im Scheitelpunkt der Flugkurve verstärkt der rechte Arm (bei einer Linksdrehung) den Zug nach oben-hinten, während der linke Arm an der linken Hüfte vorbei nach unten geschwungen wird *(Abb. 58).* Die halbe Schraube wird durch eine deutliche Kopfdrehung nach links unterstützt.

Abb. 58 Die Einleitung der Schraubendrehung bei einer halben Kopfsprungschraube rückwärts gestreckt.

Abb. 59 Kopfdrehung und Armschwung an der Hüfte vorbei nach unten und wieder nach oben in die weite Seithalte kontrollieren die Schraube auch bei dem Auerbachkopfsprung gestreckt mit einer halben Schraube.

Abb. 58

Abb. 59

Kurz vor Beendigung der halben Schraube werden die gestreckten Arme locker in eine weite Seithalte geführt, die Augen fixieren den Tauchpunkt. Die Muskelspannung in den Beinen und der Druck in der Gesäß- und Bauchmuskulatur wird verstärkt, der Sprung als Kopfsprung vorwärts gestreckt getaucht.
Der die Schraube einleitende Armschwung mit gleichzeitiger Kopfdrehung läßt sich bereits beim Abfaller rückwärts gestreckt üben, der dann als Abfaller vorwärts ins Wasser taucht. Bei den ersten Sprungversuchen sollte man darauf achten, daß Absprung und Schraubendrehung deutlich voneinander getrennt sind und aufeinander folgen.

Der Auerbachkopfsprung gestreckt mit einer halben Schraube (5311 a) (Abb. 59) ähnelt diesem Sprung. Die Schraubendrehung macht aus dem Auerbachsprung einen Delphinkopfsprung, aus einer Rückwärts- eine Vorwärtsdrehung um die Breitenachse des Körpers. Schwierigkeiten bereitet bei der halben Auerbachschraube erfahrungsgemäß das kräftige Anheben der Hüfte aus dem Absprung vorlings, der in keinem Fall dazu führen darf, daß der Körper quer vor dem Brett liegt.

G. Die Eintauchphase beim Kunstspringen

Das Eintauchen beim Kunstspringen ist wohl eines der umstrittensten Kapitel im Springsport — umstritten, weil in der Wettkampfpraxis bei Sprüngen mit viel Drehungen um die Horizontal- oder Vertikalachse des Springers der Eintauchphase leider zuviel Gewicht zufällt. Bedingt dadurch, daß bei schnellen Drehbewegungen das Auge des Kampfrichters nicht alle Unkorrektheiten, insbesondere nicht alle Haltungsfehler bemerkt, wird die Bewertung eines Sprunges häufig ausschließlich nach der Güte des Eintauchens vorgenommen.
Um dieser Überbewertung des Eintauchens ins Wasser bereits beim Training der Kunstspringer zu begegnen, genügt es, sich stets die Bewertungskriterien für einen Sprung gemäß der internationalen Wettkampf-Bestimmungen vor Augen zu halten.

Nach diesen Bestimmungen müssen bei einem Sprung

a) der Anlauf mit dem Absprung und der daraus resultierenden Sprunghöhe,
b) die Technik und Eleganz des Sprunges und
c) das Eintauchen ins Wasser

bewertet werden.

Daß jeder einzelnen Phase mathematisch gesehen nicht genau ein Drittel der zur Verfügung stehenden Punkte zufallen kann, erscheint erklärlich; denn entscheidend sollte der Gesamteindruck bei einem jeden Sprung sein, und dazu gehört natürlich auch das Tauchen.

In den internationalen Wettkampf-Bestimmungen ist über das Tauchen folgendes festgehalten:

Das Eintauchen ins Wasser muß immer senkrecht oder möglichst senkrecht erfolgen, der Körper gerade (gehalten) und die Zehen gestreckt werden. Beim Eintauchen mit dem Kopf zuerst müssen im Augenblick des Eintauchens die Arme in der Körperlinie über dem Kopf gestreckt und die Hände nahe beisammen sein. Beim Eintauchen mit den Füßen voran müssen die Arme ohne Beugung der Ellenbogen fest an den Körper angelegt sein.
Sind die Arme beim Eintauchen ins Wasser nicht in der einwandfrei vorgeschriebenen Haltung, so muß den Umständen entsprechend jeder Sprungrichter 1—3 Punkte von seiner Wertung abziehen. Werden die Arme beim Eintauchen mit den Füßen voran über dem Kopf gehalten, so wird der Sprung als ungenügend betrachtet. Die höchste Wertung für einen solchen Sprung beträgt 4 1/2 Punkte[5].

Diese knappen Ausführungen sagen in groben Zügen zwar das wesentliche aus, worauf Kampfrichter, Trainer und Springer gleichermaßen zu achten haben. Doch die Feinheiten, die das „ideale" Tauchen ausmachen, werden hier kaum angedeutet.

---

[5] Offizielle Übersetzung des englischen Originals.

Abb. 60 a

Abb. 60 b

Abb. 60 c

Abb. 60 d

Abb. 60 a Nahezu vorbildliche Eintauchhaltung nach einem Kopfsprung vorwärts gehockt.

Abb. 60 b Eintauchhaltung nach einem Kopfsprung vorwärts gestreckt (geringfügig zu flach).

Abb. 60 c Vorbildliche Streckung eines Auerbachkopfsprungs gehechtet.

Abb. 60 d Vorbildliche Eintauchhaltung nach einem Kopfsprung rückwärts gehechtet.

Vor allem die Möglichkeiten und verschiedenen Techniken, *spritzerlos* ins Wasser einzutauchen, sollen noch ausgiebiger dargestellt werden.

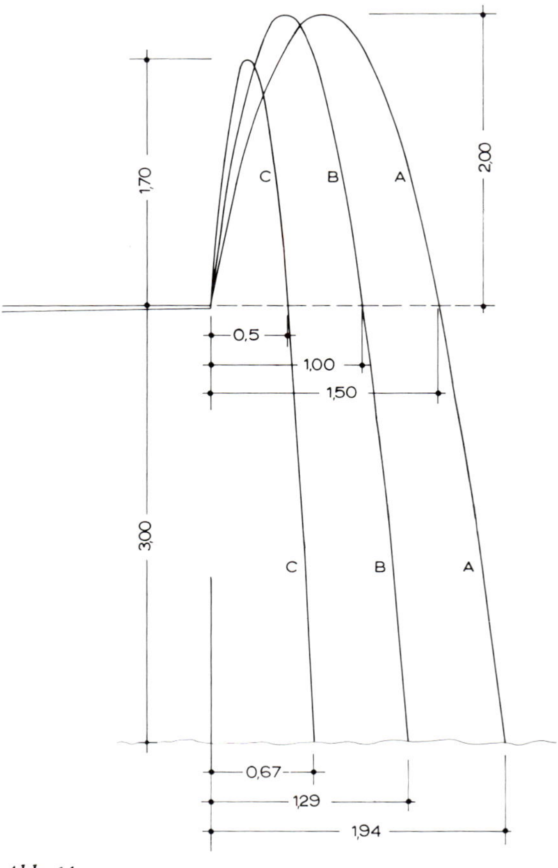

Abb. 61

	A	B	C
Absprungwinkel	79,2°	82,7°	85,7°
Eintauchwinkel	83,2°	85,4°	87,5°

Um die Eintauchphase so einfach und anschaulich wie eben möglich zu erklären und beschreiben zu können, sind in *Abb. 61* einige Parabelkurven aufgezeichnet, die Anhalt geben sollen, welche Flugkurve den verschiedenen Gruppen der Sprünge beim Kunstspringen zuzuschreiben ist.

Zwischen den Kurven (A) und (B) liegt die Idealkurve für Vorwärtssprünge. Die Kurve (B) gilt für Auerbachsprünge, die Kurve (C) für Delphinsprünge. Dagegen sollte sich die Kurve der Rückwärtssprünge eher an die Kurve (B) als an die Kurve (C) anlehnen.

Der Verlauf dieser Kurven wird durch den Absprungwinkel und die Absprunggeschwindigkeit festgelegt. Nach Verlassen des Brettes beschreibt der Schwerpunkt des Körpers die durch die vorgenannten Einflüsse festgelegte Kurve, die während des Fluges nicht mehr verändert werden kann.

Abb. 62 Fehlerhaftes Tauchen mit offenen Armen und ungenügender Spannung in der Bein- und Gesäßmuskulatur.

Soll nun das Eintauchen spritzerlos erfolgen, muß der Springer bemüht sein, seine Körperlängsachse in die Kurve der abfallenden Parabel zu bringen. Dazu gehört, daß sich der Springer bei kopfwärtstauchenden Sprüngen — und über dieses Tauchen soll hier hauptsächlich gesprochen werden — „lang macht". Das heißt, die Arme werden aus den Schultern herausgeschoben und gestreckt über den Kopf in die Körperlängsachse geführt. Der Kopf verbleibt dabei in der Normalhaltung, die Oberarme klemmen die Ohren ein, die Augen „schielen" zum Eintauchpunkt. Der Magen ist bei gleichzeitiger Gesäßspannung eingezogen, die Beine und Füße angespannt und gestreckt. Dabei ergibt sich ein geringfügiger, aber wichtiger Unterschied für vorwärts- und rückwärtstauchende Sprünge insofern, als im Augenblick des Eintauchens der Zehendruck bei Vorwärtssprüngen leicht nach vorn, bei Rückwärtssprüngen leicht nach hinten verstärkt wird. Die Beine werden damit stets gegen die Drehrichtung des Körpers gedrückt, um ein Überschlagen zu verhindern. Es darf sich dabei allerdings kein Hüftknick oder Hohlkreuz ergeben.

Der Springer soll grundsätzlich bemüht sein, gestreckt und völlig gespannt bis zum Grund des Schwimmbeckens durchzutauchen. Was er dabei mit seinen Händen unternimmt, bleibt weitgehend ihm selbst überlassen. Entweder ergreift er mit der

Abb. 63
Die Abfaller vorwärts.

einen Hand den Daumen der anderen und ballt die Hände zu Fäusten, oder aber er taucht mit flach aufgestellten Handflächen und gespreizten, leicht zueinander gerichteten Fingern, wie es von vielen Leistungssportlern im Kunstspringen erfolgreich praktiziert wird.

Abb. 64 Die Abfaller rückwärts vom 1-m-Brett. Die gleichen Abfaller können auch vom 3-m-Brett ausgeführt werden, wodurch sich ihre Schwierigkeit erhöht.

Wichtig ist, daß die Hände dicht zusammengeführt werden. Geschieht das nicht *(Abb. 62)*, ist ein spritzerloses Eintauchen nicht möglich. Außerdem erhält der Springer einen Schlag auf den Kopf.

Die Technik des spritzerlosen Eintauchens wird mit den Abfallern vorwärts und rückwärts geübt *(Abb. 63, 64)*.

Aus der Tatsache, daß es sich bei einem Sprung ins Wasser um einen Bewegungsablauf handelt, der sich aus einer Translation (Bewegung vom Brett fort) und einer Drehung um eine oder mehrere Körperachsen (Rotation) zusammensetzt, folgt notwendigerweise, daß es ein wirklich senkrechtes Eintauchen nicht gibt, ohne daß dadurch der Eindruck entstünde, der Sprung sei überschlagen. Mit Rücksicht auf das Trägheitsgesetz muß des weiteren festgehalten werden, daß es ein plötzliches „Stoppen" von Rotationsbewegungen (Salti und Schrauben) schlechthin nicht gibt. Durch die Veränderung der Körperhaltung (Hocke, Hechte, Streckung) während eines Sprunges kann lediglich die Drehgeschwindigkeit (Winkelgeschwindigkeit) so gesteuert und verlangsamt werden, daß der Körper bei geringster Drehgeschwindigkeit (Winkelgeschwindigkeit) ins Wasser eintaucht. Nach einer mit dem Absprung begonnenen Rotation um die Breitenachse weist der Körper also auch in einer gestreckten Haltung beim Eintauchen immer noch eine — wenn auch geringfügige — Drehbewegung auf, die während des Eintauchens weiterläuft und sich in den Beinen und Füßen noch fortsetzt, wenn der Oberkörper bereits unter die Wasseroberfläche getaucht ist. Die Füße gleichen sich der Fallinie der Flugparabel also erst im allerletzten Moment des Sprunges an, was aus den Lichtpunktkurven von den Pflichtsprüngen (s. Anhang) deutlich wird.

Bei schnell und mehrfach drehenden Sprüngen (z. B. 2½facher Salto) fällt es deshalb schwer, den Eindruck eines fast senkrechten Tauchens zu erwecken. Im sportlichen Kunstspringen hat das dazu geführt, daß mehrfach drehende Salti nicht mehr gradlinig und völlig gestreckt auf den Boden des Schwimm- oder Sprungbeckens durchgetaucht werden. Sie werden vielmehr durch „Tauchtricks" (engl.: saves) abgeschlossen, über die in Verbindung mit den Kürsprüngen noch zu sprechen sein wird.

H. Anhang

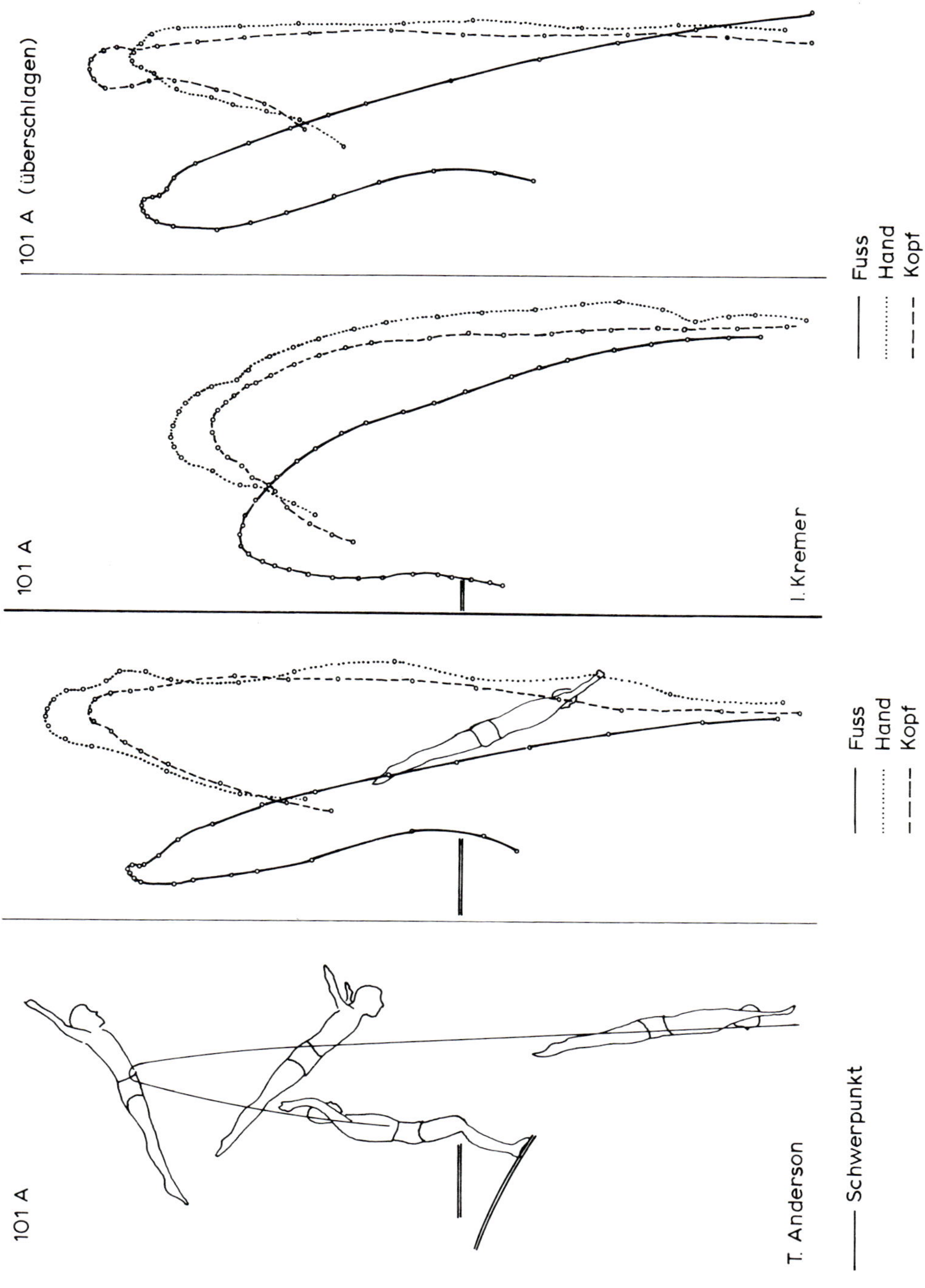
101 A (überschlagen)
Fuss
Hand
Kopf
101 A
I. Kremer
Fuss
Hand
Kopf
101 A
T. Anderson
Schwerpunkt

1. Vergleich der Lichtpunktkurven von mehreren Kopfsprüngen vorwärts gestreckt mit denen eines Delphinkopfsprunges gestreckt (Vorwärtsrotation).

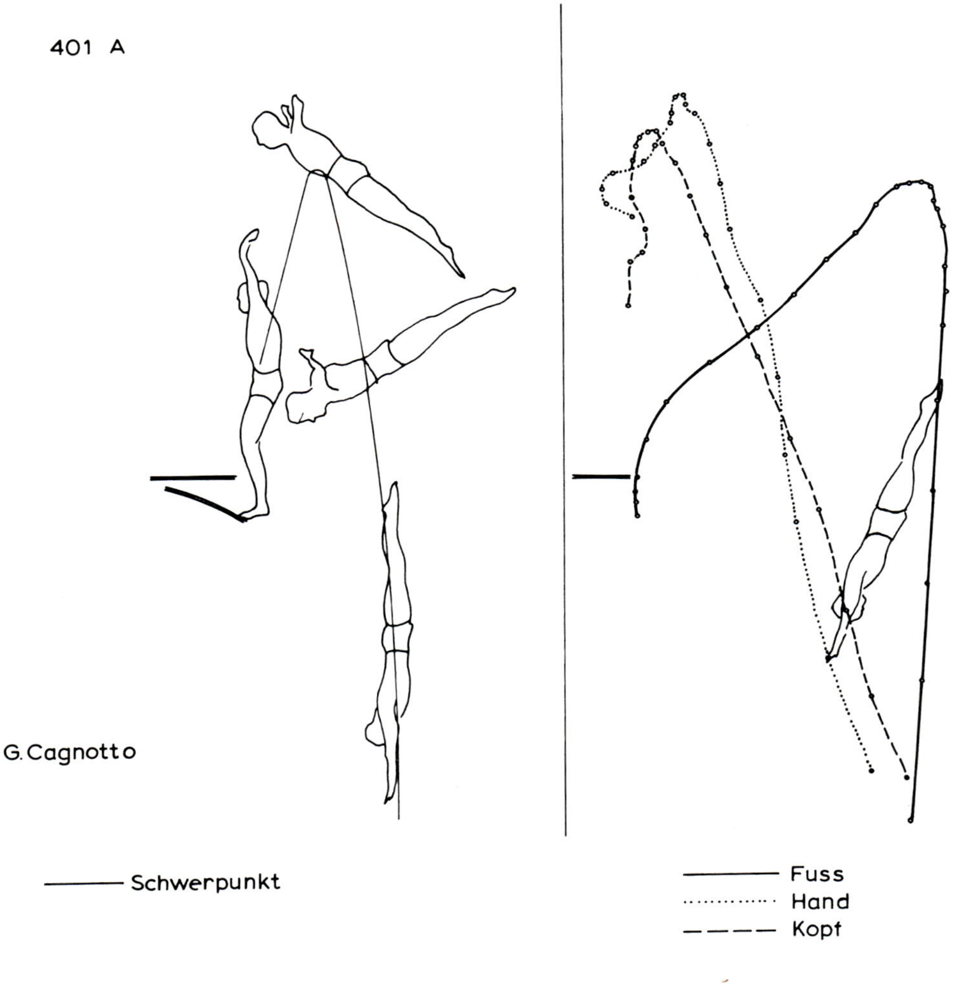

2. Vergleich der Lichtpunktkurven von einem Kopfsprung rückwärts und einem Auerbachkopfsprung gehechtet (Rückwärtsrotation).

201 b

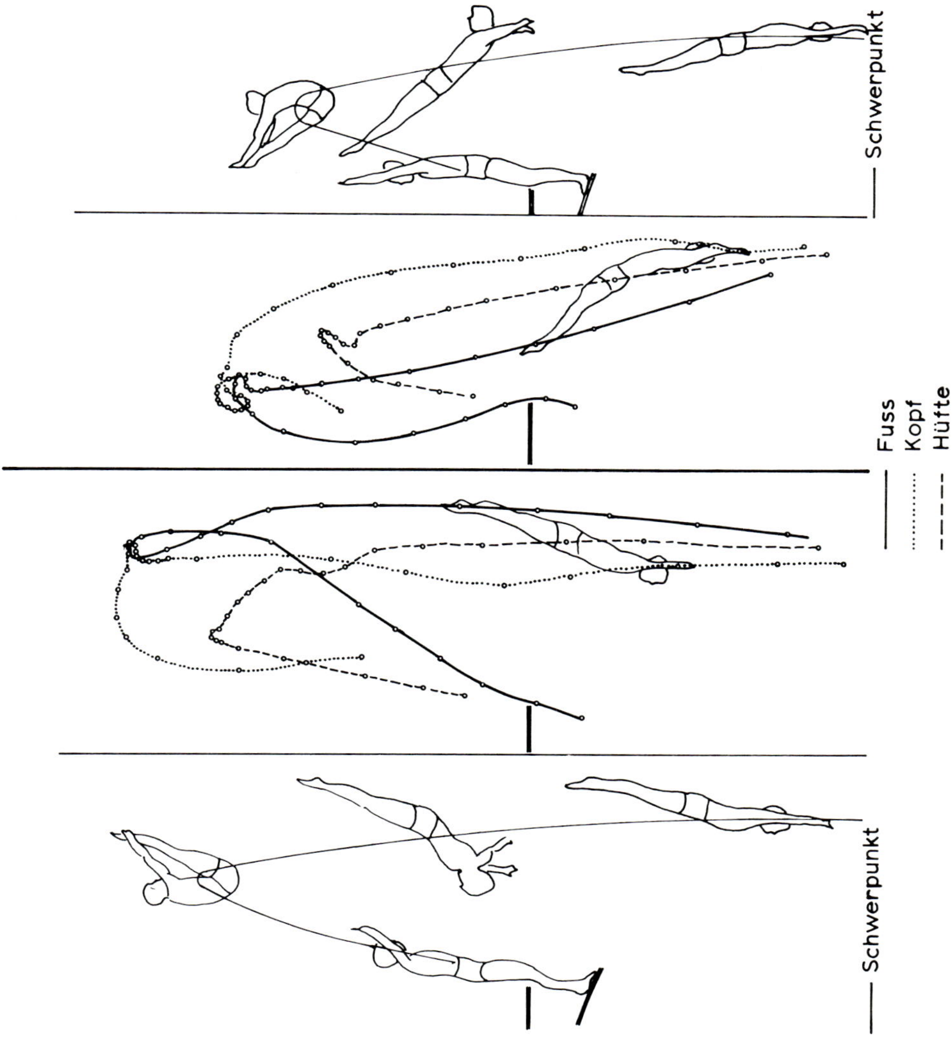

301 b

3. Vergleich der Lichtpunktkurven von zwei halben Kopfsprungschrauben vorwärts.

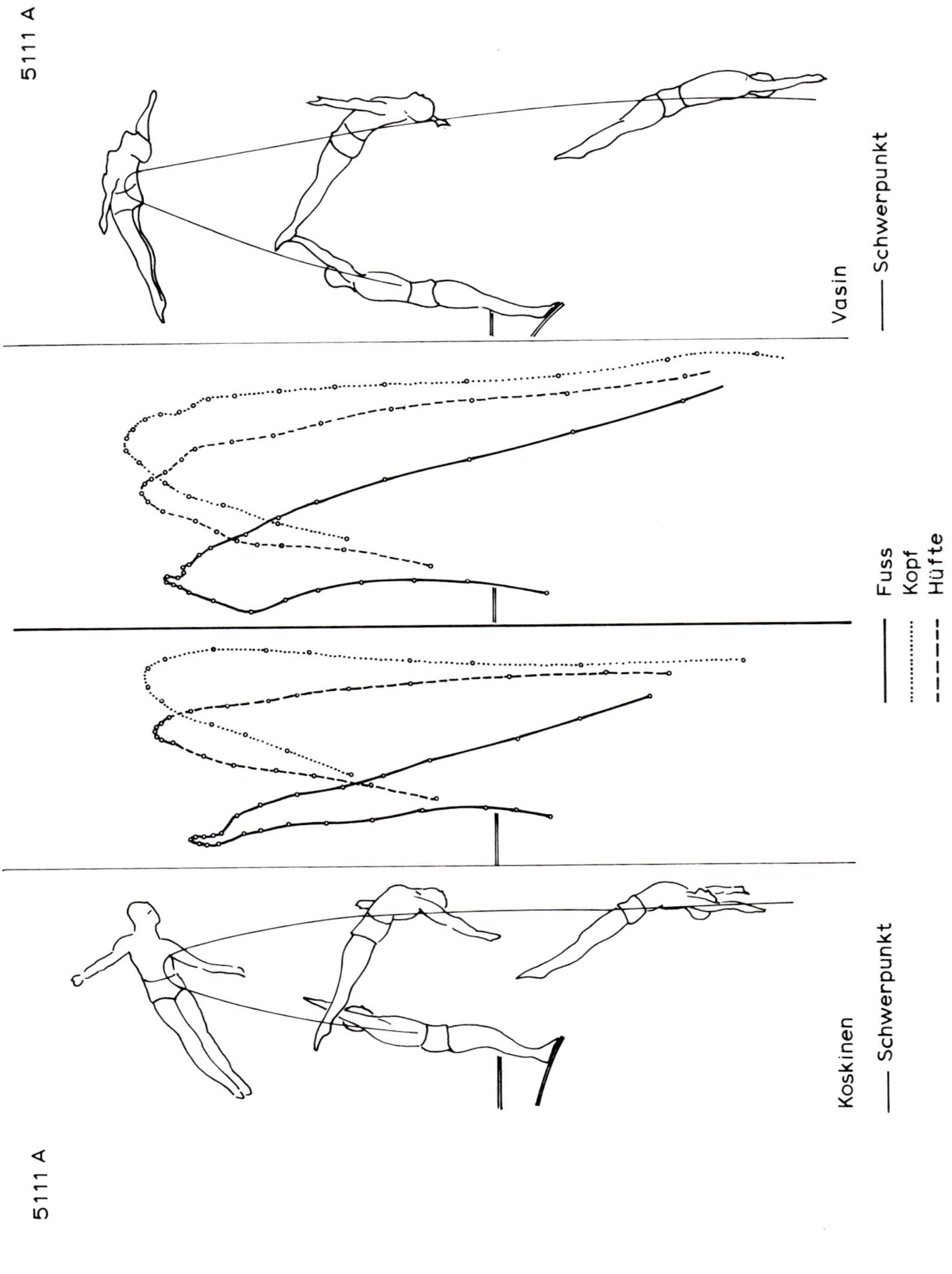

Die internationale Sprungtabelle
mit allen Schwierigkeitsgraden für die Sprünge vom 1-m-, 3-m-Brett
und von der 5-m-, 7,5-m- und 10-m-Plattform (Turm)

1 Meter				3 Meter						5- u. 7,5-m-Plattform				10-m-Plattform			
a	b	c	d	a	b	c	d	I		a	b	c	d	a	b	c	d
1,4	1,2	1,2	—	1,6	1,3	1,3	—	101	Kopfsprung vorwärts	1,4	1,3	1,3	—	1,6	1,4	1,4	—
1,7	1,5	1,4	—	1,8	1,7	1,7	—	102	Salto vorwärts	1,7	1,5	1,5	—	1,9	1,7	1,7	—
—	1,7	1,6	—	2,1	1,6	1,6	—	103	1½ Salto vorwärts	—	1,5	1,4	—	2,0	1,6	1,5	—
—	2,2	2,0	—	—	2,2	2,1	—	104	Doppelsalto vorwärts	—	2,0	1,9	—	2,6	2,3	2,3	—
—	2,6	2,3	—	—	2,3	2,1	—	105	2½ Salto vorwärts	—	2,3	1,9	—	—	2,2	2,0	—
—	—	2,6	—	—	2,7	2,5	—	106	Dreifacher Salto vorwärts	—	—	—	—	—	—	—	—
—	—	3,0	—	—	3,0	2,7	—	107	3½ Salto vorwärts	—	—	—	—	—	2,9	2,6	—
—	1,7	1,5	—	—	1,7	1,6	—	112	Fliegender Salto vorwärts	—	1,5	1,4	—	—	1,8	1,7	—
—	1,9	1,8	—	—	1,8	1,7	—	113	1½ fliegender Salto vorwärts	—	1,7	1,6	—	—	1,8	1,7	—
—	—	—	—	—	—	—	—	114	Fliegender Doppelsalto vorwärts	—	—	—	—	—	—	2,3	—
—	—	—	—	—	—	—	—	115	Fliegender 2½ Salto vorwärts	—	—	—	—	—	—	2,4	—
—	—	—	—	—	—	—	—	116	Fliegender 3facher Salto	—	—	—	—	—	—	2,5	—
								II									
1,6	1,6	1,6	—	1,7	1,7	1,7	—	201	Kopfsprung rückwärts	1,6	1,6	1,6	—	1,9	1,9	1,8	—
1,7	1,6	1,5	—	1,6	1,7	1,5	—	202	Salto rückwärts	1,6	1,5	1,5	—	1,7	1,7	1,6	—
2,4	2,3	2,2	—	2,2	2,2	2,0	—	203	1½ Salto rückwärts	—	1,9	1,8	—	2,3	2,2	2,1	—
—	2,3	2,2	—	2,4	2,2	2,0	—	204	Doppelsalto rückwärts	—	—	2,0	—	—	2,3	2,2	—
—	—	—	—	—	3,0	2,8	—	205	2½ Salto rückwärts	—	—	—	—	—	2,9	2,6	—
—	1,8	1,7	—	—	—	1,6	—	212	Fliegender Salto rückwärts	—	—	1,5	—	—	—	1,7	—
—	—	—	—	—	—	2,1	—	213	Fliegender 1½ Salto rückwärts	—	—	—	—	—	—	2,2	—
								III									
1,7	1,7	1,7	—	1,9	1,9	1,7	—	301	Auerbachkopfsprung	1,7	1,6	1,6	—	2,0	2,0	1,8	—
2,0	1,8	1,6	—	1,9	1,7	1,5	—	302	Auerbachsalto	1,8	1,5	1,4	—	2,0	1,6	1,5	—
2,8	2,5	2,3	—	2,6	2,4	2,2	—	303	1½ Auerbachsalto	—	2,2	1,9	—	2,5	2,3	2,2	—
—	—	2,2	—	—	2,4	2,2	—	304	Doppelter Auerbachsalto	—	—	2,0	—	—	2,3	2,2	—
—	—	—	—	—	3,0	2,8	—	305	2½ Auerbachsalto	—	—	—	—	—	—	2,7	—
—	1,8	1,7	—	—	—	1,6	—	312	Fliegender Auerbachsalto	—	1,8	1,6	—	—	—	1,7	—
—	—	—	—	—	—	2,4	—	313	Fliegender 1½ Auerbachsalto	—	—	—	—	—	—	2,3	—
								IV									
1,7	1,3	1,2	—	1,6	1,3	1,2	—	401	Delphinkopfsprung	1,5	1,3	1,1	—	1,6	1,4	1,3	—
—	1,9	1,7	—	—	1,7	1,5	—	402	Delphinsalto	—	1,6	1,5	—	—	1,7	1,7	—
—	2,4	2,2	—	—	2,2	2,0	—	403	1½ Delphinsalto	—	1,7	1,6	—	—	1,8	1,6	—
—	—	2,3	—	—	2,4	2,3	—	404	Doppelter Delphinsalto	—	—	—	—	—	2,3	2,1	—
—	—	—	—	—	2,9	2,6	—	405	2½ Delphinsalto	—	—	—	—	—	2,7	2,4	—
—	—	—	—	—	—	1,8	—	412	Fliegender Delphinsalto	—	—	—	—	—	—	1,8	—
—	—	—	—	—	—	2,3	—	413	Fliegender 1½ Delphinsalto	—	—	—	—	—	—	2,0	—
								V									
1,8	1,7	—	—	1,9	1,8	—	—	5111	Kopfsprung vorwärts mit ½ Schraube	1,7	1,7	—	—	1,9	1,9	—	—
2,0	2,1	—	—	2,0	2,1	—	—	5112	Kopfsprung vorw. mit ganzer Schraube	1,8	—	—	—	2,0	—	—	—
—	—	—	1,7	1,9	1,7	—	—	5121	Salto vorwärts mit ½ Schraube	—	—	—	—	—	—	—	—
—	—	—	2,0	—	—	—	2,0	5122	Salto vorwärts mit ganzer Schraube	—	—	—	—	—	—	—	—
—	—	—	2,2	—	—	—	—	5124	Salto vorwärts mit doppelter Schraube	—	—	—	—	—	—	—	—
—	2,1	2,0	—	—	2,0	1,9	—	5131	1½ Salto vorwärts mit ½ Schraube	—	—	—	—	—	—	—	—
—	—	—	2,2	—	—	—	2,1	5132	1½ Salto vorwärts mit ganzer Schraube	—	—	—	2,0	—	—	—	2,1
—	—	—	2,7	—	—	—	2,4	5134	1½ Salto vorwärts mit doppelter Schr.	—	—	—	—	—	—	—	2,6
—	—	—	—	—	—	—	2,9	5136	1½ Salto vorwärts mit dreif. Schr.	—	—	—	—	—	—	—	2,9
—	—	—	—	—	—	—	2,8	5152	2½ Salto vorwärts mit ganzer Schr.	—	—	—	—	—	—	—	2,7
—	—	—	—	—	—	—	—	5154	2½ Salto vorwärts mit doppelter Schr.	—	—	—	—	—	—	—	2.9
1,6	2,0	—	—	1,6	1,9	—	—	5211	Kopfsprung rückwärts mit ½ Schraube	1,6	—	—	—	1,7	—	—	—
2,1	—	—	—	2,0	—	—	—	5212	Kopfsprung rückwärts mit ganzer Schr.	—	—	—	—	—	—	—	—
—	—	—	1,7	1,8	1,8	—	—	5221	Salto rückwärts mit ½ Schraube	—	—	—	—	—	—	—	—
—	—	—	1,9	—	—	—	2,0	5222	Salto rückwärts mit ganzer Schraube	—	—	—	—	—	—	—	—
—	—	—	2,1	—	—	—	2,1	5223	Salto rückwärts mit 1½ Schraube	—	—	—	—	—	—	—	—
—	—	—	2,1	—	—	—	2,1	5231	1½ Salto rückwärts mit ½ Schraube	—	—	—	1,8	—	—	—	2,0
—	—	—	2,6	—	—	—	2,4	5233	1½ Salto rückwärts mit 1½ Schraube	—	—	—	2,6	—	—	—	2,4
—	—	—	2,8	—	—	—	2,7	5235	1½ Salto rückwärts mit 2½ Schraube	—	—	—	—	—	—	—	2,7
1,8	2,2	—	—	2,0	2,2	—	—	5311	Auerbachkopfsprung mit ½ Schraube	1,7	—	—	—	1,9	—	—	—
2,2	—	—	—	2,2	—	—	—	5312	Auerbachkopfsprung mit ganzer Schr.	—	—	—	—	—	—	—	—
—	—	—	1,8	—	—	—	2,0	5321	Auerbachsalto mit ½ Schraube	—	—	—	1,9	—	—	—	2,2
—	—	—	2,0	—	—	—	2,2	5322	Auerbachsalto mit ganzer Schraube	—	—	—	—	—	—	—	—
—	—	—	2,2	—	—	—	2,2	5323	Auerbachsalto mit 1½ Schraube	—	—	—	—	—	—	—	—
—	—	—	2,2	—	—	—	2,2	5331	1½ Auerbachsalto mit ½ Schraube	—	—	—	—	—	—	—	2,3
—	—	—	2,7	—	—	—	2,5	5333	1½ Auerbachsalto mit 1½ Schraube	—	—	—	—	—	—	—	2,5
—	—	—	2,9	—	—	—	2,8	5335	1½ Auerbachsalto mit 2½ Schraube	—	—	—	—	—	—	—	2,8
2,0	1,7	—	—	2,0	1,8	—	—	5411	Delphinkopfsprung mit ½ Schraube	1,8	1,7	—	—	2,0	1,9	—	—
—	—	—	—	2,2	2,2	—	—	5412	Delphinkopfsprung mit ganzer Schr.	2,0	1,9	—	—	2,1	2,0	—	—
—	1,9	1,9	—	—	2,0	2,0	—	5421	Delphinsalto mit ½ Schraube	—	—	—	—	—	—	—	—
—	—	—	2,2	—	—	—	—	5422	Delphinsalto mit ganzer Schraube	—	—	—	—	—	—	—	—
—	—	—	—	—	—	—	2,6	5432	1½ Delphinsalto mit ganzer Schraube	—	—	—	—	—	—	—	2,4
—	—	—	—	—	—	—	—	5434	1½ Delphinsalto mit doppelter Schr.	—	—	—	—	—	—	—	2,8
								VI									
—	—	—	—	—	—	—	—	610	Handstandsprung	1,3	—	—	—	1,4	—	—	—
—	—	—	—	—	—	—	—	611	Handstand mit Abfaller	1,4	—	—	—	1,9	—	—	—
—	—	—	—	—	—	—	—	612	Handstand mit Salto	1,6	1,5	1,4	—	1,7	1,6	1,5	—
—	—	—	—	—	—	—	—	614	Handstand mit doppeltem Salto	—	—	2,1	—	—	2,3	2,2	—
—	—	—	—	—	—	—	—	631	Handstand mit Durchziehen	—	1,4	1,3	—	1,7	1,6	1,5	—
—	—	—	—	—	—	—	—	632	Handstand mit Auerbachkopfsprung	—	—	2,0	—	—	2,3	2,1	—
—	—	—	—	—	—	—	—	633	Handstand mit Auerbachsalto	—	—	1,8	—	—	—	1,9	—

I. Literaturverzeichnis

1 *Heinz Braecklein,* Wasserspringen, lernen — üben — leisten, SCHRIFTENREIHE ZUR PRAXIS DER LEIBESERZIEHUNG UND DES SPORTS, Schorndorf 1964.
2 *Hanns Kefer/Josef Lechnir,* Die Schule des Wasserspringens, Frankfurt, 3. Aufl. 1952.
3 *Hanns Kefer/Josef Lechnir,* a. a. O., S. 11.
4 Handbuch des Deutschen Schwimmverbandes e. V. (Hrsg.), Braunschweig 1967, S. 145.
5 Handbuch des Deutschen Schwimm-Verbandes e. V. (Hrsg.), a. a. O., S. 147.
6 *Armbruster, David,* Competitive Swimming and Diving, St. Louis 1950.
7 *Barendt, Herbert,* Trampolinspringen, eine Trainingsmethode für Wasserspringen, Dipl.-Arbeit d. Sporthochschule Köln, SS 1961.
8 *Billingsley, Hobie,* Diving Illustrated, New York 1965.
9 *Cole, Edward,* Diving and Rebound Tumbling, Cedar Rapids 1960.
10 *Guilbert, P. R.,* Le Plongeon, Paris 1964.
11 *Harlan, Bruce/Havner, Roy,* How to Teach Diving, Ann Arbor, Mich., o. J.
12 *Bruce Harlan,* How to Improve Your Diving, Chicago, o. J.
13 *Kunert, Reinhard,* Trainingsanleitung für das Kunst- und Turmspringen, Berlin, o. J.
14 *Josef Lechnir,* Handbuch des Wasserspringens, Dessau 1930.
15 *Josef Lechnir,* Trockenspringen, Leipzig 1929.
16 *C. Lehmann,* Schule des Wasserspringens, Leipzig 1897.
17 *E. Morf,* Kunstspringen, Beiheft zur Zeitschrift KÖRPERERZIEHUNG, Bern 1950.
18 *Erwin Mehl,* Schwimmen, Tauchen und Wasserspringen, Wien 1922.
19 *Günter Mund,* Modernes Wasserspringen — ein Beitrag zur Bewegungslehre, Dipl.-Arbeit d. Sporthochschule Köln, SS 1956.
20 *Mike Peppe,* Book of Diving, Philadelphia, N. Y. 1961.
21 *Hermann Peter,* Springen vom Federbrett, Gelsenkirchen 1927.
22 *D. Rothenberg,* Swimming and Diving, London 1963.
23 *E. S. Schmidt,* How to Dive, Link House, o. J.
24 *Günter Stein,* Schwingungsuntersuchungen an Wassersprungbrettern und Schlußfolgerungen für den Bewegungsablauf des Absprunges, THEORIE UND PRAXIS DER KÖRPERKULTUR, 15. Jahrg. 1966, Heft 2, Berlin (Ost).
25 *Ernst Strupler,* Grundschule des Wasserspringens, Thalwill 1947.

Vom Verfasser:

26 *Jan Beyer,* Einige grundlegende Gedanken über das Kinder- und Jugendtraining im Wasserspringen, FÜR DIE MAPPE DES TECHNIKERS, ständ. Beilage zur Zschr. DER DEUTSCHE SCHWIMMSPORT, Berlin, 1. Folge 1967.
27 *Jan Beyer,* Die Kopfsprünge vorwärts, Zschr. PRAXIS DER LEIBESÜBUNGEN, 10. Jahrg. Nr. 9, Frankfurt 1969.

Anschrift des Verfassers:

Studiendirektor Jan Beyer
Leutersweg 17
2000 Hamburg 63

BEITRÄGE ZUR LEHRE UND FORSCHUNG IM SPORT

HERAUSGEGEBEN VOM AUSSCHUSS DEUTSCHER LEIBESERZIEHER

1 Seybold, **Pädagogische Prinzipien in der Leibeserziehung,** 7. Auflage

2 Popplow, **Leibesübungen und Leibeserziehung in der griechischen Antike,** 5. Auflage

3 Nöcker, **Die biologischen Grundlagen der Leistungssteigerung durch Training,** 6. Auflage

4 Beyer, **Die amerikanische Sportsprache,** 2. Auflage

5 Zschietzschmann, **Wettkampf- u. Übungsstätten in Griechenland** – I. Das Stadion

6 Bernett, **Die pädagogische Neugestaltung der bürgerlichen Leibesübungen durch die Philanthropen,** 3. Auflage

7 Hammelsbeck, **Leibeserziehung in der Gesamterziehung,** 2., erweiterte Auflage

8 Zschietzschmann, **Wettkampf- u. Übungsstätten in Griechenland** – II. Palästra – Gymnasion

9 Mester, **Freizeitpädagogik** (vergriffen, keine Neuauflage)

10 Mehl, **Grundriß der Weltgeschichte des Schifahrens** (1. Teil)

11 **Terminologie der Leibeserziehung,** (vergriffen, Nachfolgeband Band 49/50)

12 Nohl, **Schuld und Aufgabe der Pädagogik**

13 Drees, **Der Ursprung der Olympischen Spiele,** 2. Auflage

14 Buytendijk, Christian, Plügge, **Über die menschliche Bewegung als Einheit von Natur und Geist**

15 Herzfeld, **Freizeit – Problem u. Aufgabe**

16 Minkowski, **Das Ringen im Grüblein**

17/18 Lenk, **Werte – Ziele – Wirklichkeit der modernen Olympischen Spiele,** 2. Auflage

19 Wildt, **Auswanderer und Emigranten in der Geschichte der Leibesübungen**

20 Koch, **Die Leibesübungen im Urteil der antiken und frühgeschichtlichen Anthropologie**

21 Haubrich, **Die Bildsprache des Sports im Deutsch der Gegenwart**

22 Diem †, **Gedanken zur Sportgeschichte**

23 Schmitz, **Die Leibesübungen im Erziehungsdenken Johann Friedrich Herbarts**

24 Hoffmann, **Frau und Leibesübungen im Wandel der Zeit** (vergriffen)

25 Grupe, **Studien zur pädagogischen Theorie der Leibeserziehung,** 2. Auflage

26 Bernett, **Grundformen der Leibeserziehung,** 3. Auflage

27 Schmitz, Studien zur Didaktik der Leibeserziehung I, **Fachdidaktische Analysen und Grundlagen,** 3. Auflage

28 Röthig, **Rhythmus und Bewegung,** 2. Auflage

29 Lindner †, **Sprung und Wurf** (vergriffen)

30 Linde / Heinemann, **Leistungsengagement und Sportinteresse,** 2. Auflage

31 Schmitz, Studien zur Didaktik der Leibeserziehung II, **Grundstruktur des didaktischen Feldes,** 2. Auflage

32 Neumann, **Die deutsche Turnbewegung in der Revolution 1848/49 und in der amerikanischen Emigration**

33 Schneider, **Puritanismus und Leibesübungen**

34 Dieckert, **Die Turnerjugendbewegung**

35 Kramer, **Körpererziehung und Sportunterricht in der DDR** (vergriffen)

36 Ungerer, **Zur Theorie des sensomotorischen Lernens,** 3. Auflage

37 Lenk, **Leistungsmotivation und Mannschaftsdynamik,** 2. Auflage

38 Weidemann, **Die Herz- und Kreislaufbelastung im Hallensportunterricht**

39 Bernett, **Sportpolitik im Dritten Reich**

40 Schmitz, Studien zur Didaktik der Leibesübungen III, **Lernen in den Leibesübungen,** 2. Auflage

41 Haag, **Die amerikanische Gesundheitserziehung**

42 Volkamer, **Zur Problematik motorischer Entwicklungstests**

43 Stöcker, **Volkserziehung und Turnen**

44 Recke, **Die französische Sportsprache**

45 Schmitz, Studien zur Did. der Leibeserziehung IV, **Lehr-, Unterrichts- und Curriculumprobleme** 2. Auflage

46 Widmer, **Sportpädagogik,** 2. Auflage

47 Schwidder, **Bewußtsein und Natürlichkeit in der menschlichen Bewegung**

48 Seybold, **Didaktische Prinzipien der Leibeserziehung,** 2. Auflage

49/50 **Sportwissenschaftliches Lexikon,** (Redaktion Röthig), 4. Auflage

51 Paschen, **Beiträge zur Sportpädagogik**

52 Bernett, **Untersuchungen zur Zeitgeschichte des Sports**

53 Obholzer, **Geschichte des Skis und des Skistockes**

54 Bach, **Struktur und Funktion der Leibesübungen in den Jugendorganisationen von 1914**

55 Warwitz, **Interdisziplinäre Sporterziehung**

56 Schaller, **Spielerziehung – Gegenstand und Programmatik eines sportpädagogischen Begriffes**

57 Heisterkamp, **Die Psychodynamik von Kampfspielen**

58 Strych, **Der westdeutsche Sport in der Phase der Neugründung 1945–1950**

59 Grosser, **Psychomotorische Schnellkoordination**

60 Herrmann, **Die Fußballfans**

61 Vanek, **Zur Persönlichkeit des Sportlers**

62 Stündl, **Freizeit- und Erholungssport in der DDR**

63/64 Martin, **Grundlagen der Trainingslehre,** Teil I

65 Wiegand, **Schülerbeurteilung und Schülerverhaltensweisen**